Petra Schürmann

Und eine Nacht vergeht wie ein Jahr

Knaur

Besuchen Sie uns im Internet:
www.droemer-knaur.de

Vollständige Taschenbuchausgabe 2003
Droemersche Verlagsanstalt Th. Knaur Nachf., München
Copyright © 2002 by Petra Schürmann
Copyright der deutschen Ausgabe © 2002 bei
Droemersche Verlagsanstalt Th. Knaur Nachf., München
Alle Rechte vorbehalten. Das Werk darf – auch teilweise – nur mit
Genehmigung des Verlages wiedergegeben werden.
Umschlaggestaltung: ZERO Werbeagentur, München
Satz: Ventura Publisher im Verlag
Druck und Bindung: Clausen & Bosse, Leck
Printed in Germany
ISBN 3-426-62467-2

2 4 5 3 1

Alexandra Freund

»Und eine Nacht vergeht wie ein Jahr«

Ich verlor Alexandra am 21. Juni 2001.

Ein Geisterfahrer wendete in selbstmörderischer Absicht seinen Wagen auf der Autobahn Salzburg und riss mein Kind mit in den Tod. Er löschte in Sekunden das Kostbarste aus, das ich hatte.

Ich kann ihm bis heute nicht verzeihen. Wenn ich lebensmüde bin – und ich war es nach dieser Katastrophe wochenlang –, würde es mir nicht einfallen, andere Menschen mit in den Tod zu reißen. Es gibt tausend Möglichkeiten, sich umzubringen, und weniger spektakuläre. Spektakulär – vielleicht war gerade das seine Absicht.

Ich habe es aufgegeben, darüber zu grübeln. Es erweckt mein Kind nicht wieder zum Leben.

Nach dem Unfall kam sie zu mir zurück – im Sarg. Das Leben stand für mich still. In mir nur Starre und ungläubiges Entsetzen. Als die Betäubung nachließ und der Schmerz in mir aufbrach, beschäftigte mich immer wieder ein Gedanke: Musste Alexandra noch leiden oder war sie sofort tot?

Ich weiß nur, dass ihre Kollegin Schreckliches erlebt haben muss. Sie war lange Zeit eingeklemmt und konnte nur mit Mühe befreit werden. Sie ist die einzige Zeugin von Alexandras letzten Minuten. Bis heute habe ich nicht den Mut und die Kraft gefunden, sie danach zu fragen.

Der Polizeibericht sagt aus: »8 Uhr 45 passierte der Unfall, um 8 Uhr 45 ist die Fahrerin ihren tödlichen Verletzungen erlegen.« Das könnte mich beruhigen, tut es aber seltsamerweise nicht. Nichts kann mich beruhigen.

Alexandra hatte nicht die geringste Chance, obwohl sie eine extrem vorsichtige Autofahrerin war. Ich hatte sie Zeit ihres Lebens »geimpft«, umsichtig zu sein, wollte sie immer behüten und beschützen; sei es vor Menschen, die ihr Böses wollten, sei es vor den Unwägbarkeiten und seelischen Grausamkeiten, die das Leben für uns bereithält.

Wir beide lebten mehr als vierunddreißig Jahre lang in einem fast schon symbiotischen Verhältnis. Wir verstanden einander blind, teilten alle unsere Freuden und Leiden und ergänzten uns in vielerlei Dingen. Es ist eine ganz besondere Liebe, die mich mit Alexandra verbindet. Sie ist schwer zu beschreiben und wohl nur für eine Mutter zu verstehen.

Ich werde diese Katastrophe nie überwinden können, mich dem Unabänderlichen aber stellen müssen. In den Wochen und Monaten nach dem Unglück habe ich versucht, mir das Grauen und den Kummer von der Seele zu schreiben. Dabei bin ich in Erinnerungen abgetaucht an ein liebevolles, originelles, lebensfrohes, sowohl mutiges als auch ängstliches Kind.

»Es kommt mir wie eine 100.000 Kilometer Strecke von Dir entfernt vor«

Die Angst muss sie von mir geerbt haben. Denn auch ich war immer ein überaus ängstlicher Mensch. »Wenn du durchs Leben kommen willst«, pflegte meine Mutter zu sagen, »gibt es nur zwei Möglichkeiten. Entweder du schlägst eine ruhige Beamtenlaufbahn ein, oder du stellst dich bewusst Angst machenden Situationen.«

Ich hatte solche Angst, nicht durchs Leben zu kommen, dass ich Letzteres versuchte und mich immer wieder mit mir unangenehmen und Furcht einflößenden Situationen konfrontierte. So habe ich trotz klaustrophobischer Zustände Aufzüge benutzt, mir selbst gut zugeredet und in ruhigen Zügen geatmet, wenn die Flugzeugtür zuschlug, oder ich bin quer durch die Mensa zur Essensausgabe gegangen, obwohl ich dachte, das schaffe ich nie. Indem ich mich zwang, meine Angst zu bewältigen, habe ich zumindest gelernt, mit ihr umgehen zu können.

Trotzdem gab es immer wieder Augenblicke, in denen mich Panik ergriff. Der erste Gang zur Universität war ein Horrortrip für mich; die Immatrikulation gelang mir nur an der Hand meiner Mutter. Ich muss in den Augen meiner zukünftigen Kommilitonen ein lächerliches Bild abgegeben haben. Als sich meine Mutter schließlich von mir verabschiedete, um nach Hause zurückzufahren, überfiel mich unendliche Traurigkeit, obwohl uns nur rund sechzig Kilometer voneinander trennten.

Ähnlich ging es Alexandra und mir. Es war beinahe unerträglich für uns beide, voneinander getrennt zu sein. Einmal, wir waren im Urlaub auf Malta und Alexandra war gerade einmal zwölf Jahre alt, schrieb sie mir einen Brief. Sie wohnte mit ihrer Kinderschwester Gitti zwar nur ein Zimmer weiter neben uns, doch die fremde Umgebung und die nächtliche Einsamkeit müssen sie so geängstigt haben, dass sie folgende Zeilen verfasste:

Liebe Mami.
Ich liebe Dich. Es kommt mir wie eine 100.000 Kilometer Strecke von Dir entfernt vor, obwohl uns nur zwei Türen voneinander trennen. Und eine Nacht vergehet wie ein Jahr, bis ich Dich wieder sehe. Aber dann, wenn wir uns wieder treffen, ist es wie eine Feierlichkeit.

Während ich das aufschreibe, spüre ich ganz lebendig den Schmerz von damals und vor allem den meines Kindes. Heute ist diese Trennung für uns endgültig. Ich muss mit diesem Trennungsschmerz leben und lernen, damit zurechtzukommen.

»Man stellt seinen christlichen Leib nicht zur Schau.«

Ich konnte Alexandra damals gut verstehen, denn die Liebe zu meinen Eltern war bei mir ähnlich stark. Ich habe ihnen aber auch viel Kummer gemacht. Ich studierte das erste Semester an der Universität in Bonn, wo ich in einem von Nonnen geführten Studentenwohnheim untergebracht war. Drakonische Strafen warteten auf uns, wenn wir nicht so spurten, wie es verlangt wurde.

Ich hatte den Rausch der Freiheit zum ersten Mal gespürt, und er hatte mich binnen kurzem süchtig gemacht. Vielleicht lag es daran, dass mir Vieles so lange verboten war. Dann empfindet man alles, was heimlich passieren muss, als besonders prickelnd. Ich habe die Nonnen oftmals provoziert, und es endete für mich mit dem Rausschmiss. Den feierte ich allerdings gebührend, obwohl mir bewusst war, wie sehr ich meinen Eltern damit wehtat.

Nur kurze Zeit später habe ich sie ein weiteres Mal geschockt. Es war 1956, und meine Eltern waren auf einer Reise in Holland unterwegs. Damals ließ ich mich mit sechs Kommilitoninnen zu einer Misswahl verführen. Es war für uns anfangs lediglich eine Art Mutprobe, denn wir waren hauptsächlich angetreten, um einen unsäglichen Conférencier vorzuführen. Er war dafür berüchtigt, seine Kandidatinnen einer Art Intelligenztest zu unterziehen, und aalte sich vor Vergnügen, wenn er die

Mädchen vor versammeltem Publikum mit seinen Fragen beschämen konnte. Bei dieser Misswahl aber waren wir es, die ihm auf dem Laufsteg Fragen stellten. Da er darauf nicht vorbereitet war, blamierte er sich dermaßen, dass er vom Publikum ausgebuht wurde. Am nächsten Tag stand sein Waterloo in allen Tageszeitungen.

Ich wurde an jenem Abend Miss Köln. Noch in der Nacht riefen meine empörten Eltern an. Für sie, die streng Katholischen, war eine Miss so etwas Ähnliches wie eine Stripperin oder gar eine Hure. Ich konnte sie nur mühsam beruhigen und versprach auch hoch und heilig, mein Studium fortzusetzen. Sie schienen schließlich erleichtert, da ich ja nicht die einzige Studentin war, die sich an der ominösen Wahl beteiligt hatte. »Schwamm drüber«, sagte mein Vater zum Abschluss. »Aber bitte schön – kein zweites Mal!«

Damit aber saß ich ganz schön in der Falle. Im Wiederholungsfall hätte ich es mir also mit meinen Eltern verdorben, wenn ich aber nicht zur Wahl der Miss Germany angetreten wäre, hätte ich die ganzen Geschenke wieder zurückgeben müssen. »Dann gibst du sie eben ab!«, beharrte mein Vater. Wie hätte er als Mann auch wissen sollen, was fünfzig Strumpfhosen für ein Mädchen bedeuten, und gar ein Kofferradio? Ich ließ erst einmal Gras über die leidige Angelegenheit wachsen.

Noch im gleichen Jahr – nach einigen »miss-lichen« Zwischenstationen – wurde ich im November zur Wahl der Miss World nach London eingeladen. Drei Wochen Großbritannien mit Einladungen – zum Beispiel ins House of Lords und ins House of Commons – erwarteten mich. Als krönenden Abschluss hatte uns Princess

Margret eingeladen – das konnte doch nichts Unanständiges sein! Meine Eltern ließen mich beruhigt nach London fliegen. Mein Gepäck war bescheiden. Es bestand vor allem aus sauberer Unterwäsche, denn meine Mutter legte großen Wert darauf, dass das »Darunter« gepflegt war. »Nicht auszudenken, wenn mal etwas passiert und schlampige Unterwäsche zum Vorschein käme«, sagte sie immer. Mein Einwand, dass es dann eh schon egal sei, konnte sie fuchsteufelswild machen. Damenhaft mochte sie es, und vor der Londonreise natürlich »ladylike«.

Ich hatte einen einzigen Koffer dabei, der nötig war wegen des Abendkleides, das ich mir bei einer Modeschule ausgeliehen hatte. »Und dass mir ja nichts an das Kleid kommt, weder ein Fleck noch ein Zigarettenloch! Wir lassen Sie gnadenlos zahlen, und es kostet 900 Mark!«, hatte man mir noch eingeschärft. Eine Unsumme damals, 1956, und für eine Studentin direkt existenzbedrohend. Man kann sich vorstellen, mit welcher Hypothek ich nach London geflogen bin.

Miss Italien, mit der ich ein Zimmer teilen musste, war da sorgloser. Sie reiste mit Schrankkoffern an, die sich in unserem doch recht schmalen Etablissement so breit machten, dass nur ein winziger Durchgang blieb, durch den wir uns ins Bett schrauben mussten. Dafür hatte sie dreimal am Tag die Qual der Wahl: »Was ziehe ich an?« Das konnte mir nicht passieren. Von morgens bis abends trug ich mein graues, eng auf Taille geschnittenes Kostümchen, drei Wochen lang. Das fiel vor allem den Buchmachern auf: »Die Deutsche hat keine Chance«, wussten sie offensichtlich schon im Voraus und schlossen hohe

Wetten darauf ab. Stutenbissige Mit-Missen gifteten: »Das mit dem Kostüm macht sie nur, um aufzufallen!« Das jedoch hätten sie ja selber auch haben können.
Die Deutsche hatte aber noch aus einem anderen Grund keine Chance – eben weil sie Deutsche war. Schon gleich am ersten Abend wurde ich von einem jüdischen Journalisten angesprochen – oder war es pöbeln? »Sie trauen sich was, als Deutsche hier nach London zu kommen!«, provozierte er mich. Mein Herz krampfte sich vor Angst zusammen, denn schon legte er los: »Ihr seid doch schuld an der Judenvernichtung. Meine ganze engere und weitere Familie habt ihr ausgerottet. Und ihr schämt euch nicht in Grund und Boden, sondern versucht schon wieder mitzumischen. Siehe: Teilnahme an einer internationalen Misswahl.«
Ich war geschockt: »Aber ich habe doch keine persönliche Schuld, meine ganze Generation nicht«, erwiderte ich. Zugegeben, es war ein ziemlich schwaches Argument, das ich da vorbrachte. »Ihr versucht doch immer wieder, euch aus der Verantwortung zu stehlen«, hielt er mir entgegen. »Aus der Verantwortung nicht. Die bleibt, wenn man deutsche Wurzeln hat. Eine persönliche Schuld aber kann ich für meine Generation und die danach nicht sehen«, gab ich ihm zur Antwort.
Er war keineswegs zufrieden. Also trafen wir uns in den drei Wochen immer wieder. Dann wurde ich wider Erwarten doch zur Miss World gewählt. Und – als wirkliche Krönung – waren wir beide, der jüdische Journalist und ich, nach unseren langen Gesprächen und ausführlichen Diskussionen doch noch Freunde geworden. Zum Abschied hat er mir ein Buch über den Holocaust ge-

schenkt, mit schockierenden Fotos und einer Widmung. Sinngemäß heißt es dort: »In tiefer Freundschaft gewidmet einer jungen Deutschen, die mich überzeugen konnte, dass es in ihrem Land auch erfreuliche Ausnahmen gibt.« Ich war ja so stolz. Meine Eltern übrigens auch, über die Widmung noch mehr als über die Miss World. Auf dem Rückflug von London meldete sich beim Landeanflug auf Düsseldorf der Kapitän mit der Durchsage: »Ich habe die schönste Frau der Welt an Bord.« Er glaubte an ein Ereignis. Unten standen aber nur meine Eltern und die Abgeordneten einer Strumpf-Firma, die den Contest in Deutschland ausgerichtet hatte. Und die schienen nur mäßig begeistert, weil sie auf meinen »Sieg« vollkommen unvorbereitet waren. »Der Prophet gilt eben nichts im eigenen Land«, tröstete mich meine Mutter.

Am Sonntag ging die ganze Familie wie immer zur Kirche. Der Pfarrer sah mich und schimpfte von der Kanzel herunter: »Man stellt seinen christlichen Leib nicht zur Schau. Im Übrigen – nur die Muttergottes, Maria, war schön.« Meine Eltern müssen sich wie exkommuniziert gefühlt haben. Meine Mutter wurde daraufhin ernstlich krank, und ich hatte tiefe Schuldgefühle.

Der Alltag hatte mich danach schnell wieder. Wie aber würde die Uni reagieren? Das war die Frage, die meinen Eltern und mir nicht aus dem Kopf ging. Statt meinen jungen Ruhm zu genießen, machte ich Vogel-Strauß-Politik und versuchte, ja nicht aufzufallen.

»Ihr Privatleben geht uns nichts an.«

Eine Boulevardzeitung scheute sich nicht, sich zum Thema Miss World in der Uni umzuhören. Die befragten Kommilitoninnen in der Mensa waren sich einig: Wer sich im Badeanzug auf dem Laufsteg zeigt, hat an der Uni nichts verloren. Die Professoren dagegen äußerten sich moderat bis wohlwollend: »Wir achten nur darauf, was sie leistet. Ihr Privatleben geht uns nichts an«, so ihr einhelliger Kommentar. Mein Philosophieprofessor ließ sich sogar mit mir fotografieren.

Ich durchlebte währenddessen meinen ersten Liebeskummer. Dieser setzte mir so zu, dass ich schließlich nur noch einen Ausweg sah: die Flucht in eine andere Stadt. Ich entschied mich für München, wo ich zunächst bei Verwandten unterkam. Wochenlang schlief ich auf dem Röntgenstuhl in der Zahnarztpraxis meines Onkels, weil sich die Suche nach einer geeigneten kleinen Wohnung schwierig gestaltete. Immerhin konnte ich mich aber wieder meinem Studium widmen.

Die Ruhe, die ich in München gesucht hatte, war allerdings nicht von langer Dauer. Der Bayerische Rundfunk hatte damals eine Sendereihe zum Thema »Prominente von gestern … und was sie heute machen« und kam auch auf mich zu. Im zarten Alter von 22 Jahren war ich bereits von gestern.

Inzwischen hatte ich ein Appartement gleich hinter der Uni ergattern können. Es war winzig, mit Kleinstküche im Flur und Sitzbad. Ich muss die Dimensionen schildern, weil ich mich ganz furchtbar vor dem anrückenden Fernsehteam des BR geschämt habe. Um den nötigen Abstand für den Reporter und mich zu schaffen, beschaffte sich der Kameramann ein Brett, legte es über das Geländer des Bonsai-Balkons und filmte uns von dort. »Nur gut, dass wir dünn sind«, spöttelte der Reporter. Ich sollte mich für das Interview lasziv auf das Bett legen, zum Ausgleich aber ein Buch zur Hand nehmen. Das Motiv sollte Schönheit und zugleich Intelligenz symbolisieren.

Lasziv mit langen Hosen und Bluse! Zugeknöpft, versteht sich. Wenn ich zurückdenke, war diese Einstellung rührend einfältig für heutige Begriffe, wo beispielsweise Moderatorinnen ungestraft ihre sexuellen Vorlieben öffentlich schildern dürfen, vielleicht sogar sollen. Auch mein Badeanzug bei der Misswahl kam eher einem Abendkleid gleich: Sittsam war er, mit angeschnittenen Beinen, was diese optisch erheblich verkürzte.

Der Reporter hatte sich für das Porträt in meiner Puppenstube sorgfältig vorbereitet und wusste vieles über mich. Ich aber hatte solche Angst, dass es mir fast die Stimme abpresste. Es entstand ein Gespräch, in dem ich kaum zu verstehen war. Für den Tonmann war die Aufnahme eine einzige Katastrophe. Er musste so aufdrehen, dass die kräftige Stimme des Reporters wie die Trompeten von Jericho kreischte.

Der BR muss dennoch angetan gewesen sein. Ein paar Tage später ließ er anfragen, ob ich nicht Lust hätte, das Kinderprogramm anzusagen. Meine Stimme habe gefallen, sie sei so kultiviert. Und bestimmt sei sie auch kräftiger zu kriegen, wenn ich nach einer gewissen Eingewöhnungsphase meine Angst überwinden könne. Man bot mir siebzig Mark für die »Schicht«, das Ganze zwei Mal die Woche. »Das kann man als Studentin immer gebrauchen«, dachte ich mir und sagte zu.

So unspektakulär begann meine Karriere beim Bayerischen Rundfunk. Wenn ich aber gehofft hatte, ein bisschen als »Miss mit Köpfchen« – so titelten die Zeitungen – gefeiert zu werden, war das totale Fehlanzeige. »Beweise erst mal was«, hieß es immer wieder. Geschenkt wurde mir nichts. Das forderte mich aber auch.

»Der Bayerische Rundfunk war immer schon der Durchlauferhitzer für Talente«, hat Jahre später einmal ein Unterhaltungschef vom ZDF gesagt und einige aufgezählt: Thomas Gottschalk und Günther Jauch, Fritz Egner und Carolin Reiber und auch meine Freundin Eva Herman begannen bei diesem Sender ihre Karriere. Wir dümpelten erst einmal jahrelang in der Ansage herum und wollten zu gerne moderieren. »Nichts da, ihr seid die Visitenkarte des Senders!«, hieß es. »Seid hübsch und haltet den Mund, aber nicht ganz, damit ihr den fremd geschriebenen Text vor der Kamera bringt, als sei es der eigene.«

Ich schrieb inzwischen meine Seminararbeiten in Philosophie an der Uni und sah zu meinem Missfallen junge Männer an mir vorbei Karriere machen, die nie eine Uni von innen gesehen hatten. Das stank mir schon. Mit den Waffen einer Frau konnte ich auch nichts ausrichten. »Ich denke, du willst intellektuell sein!«, hörte ich immer wieder. »Dann lass solche Spielchen.«

Ein offenbar enttäuschter Fan schrieb mir damals: »Sie

wirken immer so ernst und verhalten. Ich glaube, es liegt daran, dass Sie keine sechs Äpfel haben.« Was war das nun wieder? Er meinte wohl Sex-Appeal. Wie auch immer, ich kam nicht weiter.

Erst ein Nachfolger des freundlichen Redaktionsleiters hatte Jahre später ein Einsehen: »Ich gebe Ihnen eine Chance. Sie wissen aber, dass Sie drei Mal so gut sein müssen wie ein Mann!« Ich strengte mich ganz schön an.

Nachdem ich die hehren Weihen des Moderatorenstatus errungen hatte, musste ich erst einmal lernen, wie »hengstbissig« Männer sind. Sobald eine Frau in ihre Domäne einzubrechen drohte, arbeiteten sie gnadenlos gegen sie. Und in meinem Fall sorgten sie auch dafür, dass mir ihre hämischen Kommentare gesteckt wurden. Mir war es egal, solange ich weiter moderieren durfte. Ich hatte andere Sorgen, die ein Mann natürlicherweise nicht haben kann. Meine biologische Uhr lief und lief. Und die Sehnsucht nach einem Kind wuchs und wuchs.

»Ich erwarte ein Kind und – es ist ein Wunschkind.«

Ich ertappte mich dabei, dass ich in jeden Kinderwagen schaute und in Babygeschäften entzückt vor Strampelhöschen stand. Ich glaube, jeder Mensch hat irgendwann das Bedürfnis, seine Gene weiterzugeben zu wollen. Warum also sollte ich meiner Sehnsucht nach einem Kind nicht nachgeben?

Gewiss, der Vater, den ich im Auge hatte, kam nur als biologischer Erzeuger in Frage, denn er war gebunden. »Das schaffe ich auch alleine!«, dachte ich mir, hatte aber zugleich Angst vor der eigenen Courage. Wie sollte ich das Kind ernähren? Wie die ungeheure Verantwortung übernehmen, die Erziehung allein zu bewältigen? Vor mir stand ein einziges Fragezeichen. Nur eines war mir klar: Das Kind hatte ein Recht auf ein richtiges Nest.

Ich machte mich auf die Suche nach einem Haus oder Grundstück am Starnberger See. Es gab einen wunderschönen Besitz, der günstig abzugeben war, weil angeblich die Eigentümer vom Hausmeister erschlagen worden waren. »Überall Blut«, erzählte man mir schaudernd, deshalb wollte es auch niemand haben. Mich störte das nicht, wohl aber der Preis: 180.000 Mark, heute so viel wie, schätze ich mal, gut eine viertel Million Euro. Das war für mich nicht einmal im Ansatz drin.

Dann kam plötzlich das Angebot der Stunde: ein Grundstück, nicht allzu groß. Ich telefonierte sofort mit meinen Eltern: »Könnte ich, sozusagen als Vorgriff aufs Erbe, einen Kredit von euch haben?«, bettelte ich. Mein Vater war nicht begeistert. Er hasste Schulden, und nun sollte er eine Hypothek auf das eigene Haus aufnehmen, um mir einen Traum zu erfüllen. »Das wäre deinen Geschwistern gegenüber nicht gerecht!«, wich er aus. »Ich könnte doch Zinsen zahlen«, schlug ich vor. Schließlich ließ er sich überreden.

Mit dem Aushub begannen die üblichen Probleme eines Bauherrn: Da wurde falsches oder billiges Material verbaut, dann machte zu allem Überfluss auch noch der Bauunternehmer Pleite. Ich verlor völlig den Durchblick.

Auf dem Scheitelpunkt der chaotischen Zustände kam ich in andere Umstände. Panik erfasste mich: Wie würden meine christkatholischen Eltern auf die Schwangerschaft reagieren? In meiner Angst kam ich auf die Idee, zuerst meinen Vater ins Vertrauen zu ziehen und ihn sozusagen zum Geheimnisträger zu machen, um seinen Stolz zu kitzeln.

In kleinen psychologischen Schritten brachte ich es ihm bei: »Ich habe etwas, worauf ich mich sehr freuen kann. Ich bin der glücklichste Mensch auf der Welt«, versuchte ich ihn einzuweihen. Kurzes Überlegen: »Ganz klar. Du bekommst ein Kind. Da freue ich mich aber!« Ich war sprachlos. Dieser strenggläubige Katholik – von ihm hätte ich eine solche Reaktion nicht erwartet. Er sagte nicht einmal: »Ich freue mich für dich!« Nein, er freute sich selbst auf sein Enkelkind!

Nachdem ich mich wieder gefasst hatte, appellierte ich an sein diplomatisches Geschick, die Sensation meiner Mutter zu verklickern. Er war richtig stolz über die delikate Aufgabe. »Ich weiß etwas von Petra ...«, muss er eingeleitet haben. Meine Mutter schaute ihn nur an und sagte: »Bestimmt bekommt sie ein Kind«, als sei es für sie die selbstverständlichste Sache der Welt. Sie freue sich noch viel mehr als er, versicherte sie. Der Wettstreit darüber, wer sich denn mehr freue, ob sie oder er, wurde noch eine ganze Weile fortgesetzt. Die entscheidende Hürde war für mich, so glaubte ich zumindest, genommen.

Ich ahnte nicht, was noch alles auf mich zukommen sollte. Vor 35 Jahren war es noch nicht Mode, als unverheiratete Frau Kinder in die Welt zu setzen, und schon gar nicht, den Vater zu verschweigen. Meine nächste Sorge, die mich plagte: Wie würde mein Arbeitgeber, der Bayerische Rundfunk, reagieren? Mit dem Mut der Verzweiflung machte ich einen Termin mit meinem Fernsehdirektor aus.
»Ich muss Ihnen etwas sagen, habe aber große Angst davor«, platzte ich gleich damit heraus. »Ich erwarte ein Kind und – es ist ein Wunschkind.«
Er blickte mich überrascht an: »Und wovor, bitte, haben Sie Angst?«
»Dass Sie mich rausschmeißen!«
Er zögerte kurz und meinte dann: »Wollen Sie mich beleidigen? In welchem Jahrhundert leben wir denn? Ich möchte Ihnen gratulieren, sowohl zum Kind als auch zu Ihrem Mut, denn einfach wird es nicht für Sie. Und ich bin froh, dass Sie mir Ihr Geheimnis anvertraut haben. Nur so kann ich Sie vor missgünstigen Kollegen schützen.«
Ich hätte ihn küssen mögen vor Dankbarkeit und Erleichterung.

Einfach ist es in der Folgezeit wirklich nicht geworden. Meine Schwangerschaft fiel zunächst nicht auf. Ich habe damals noch gemodelt, und bis zum sechsten Monat konnte ich es mir sogar leisten, im Badeanzug fotografiert zu werden. Dann allerdings meinte eine Fotografin: »Du legst dir langsam ein Bäuchlein zu. Ich glaube, du isst zu viel.« Mit Modeln war es also nichts mehr.
Um die Zeit dennoch zu nutzen, volontierte ich bei einer

Tageszeitung, zunächst im Lokalteil. Dort kam ich zu der Ehre, Tageshoroskope zu erstellen. Ich halte nichts von Astrologie und hatte auch keine Ahnung, wie das gehen sollte. Also vertiefte ich mich in vergangene Horoskope und schrieb sie ein wenig um. »Sind ja eh nur Allgemeinplätze«, dachte ich mir. Es soll übrigens alles eingetroffen sein.
Ob ich deshalb hochgestuft wurde, weiß ich nicht. Jedenfalls fand ich mich eines Tages im Feuilleton wieder und bekam dort prompt einen Rüffel. »Du schreibst so verblasen akademisch«, hielt mir mein Chef vor. »Viel zu lange, verschachtelte Sätze. Gewöhne dir als Erstes eine klare, einfache Sprache an und habe immer den Telegrammstil von Hemingway im Kopf.« Wenig später durfte ich meine ersten Kolumnen schreiben.

Selbst das noch nicht geborene Kind hat mich niemals im Stich gelassen. So zum Beispiel beim Filmball in München. Er geht immer am zweiten Wochenende im Januar über die Bühne. Ich trug ein farbenfrohes, fließendes Kleid. Reporter einer bundesweiten Boulevardzeitung stürzten auf mich zu.
»Mäuschen«, sagte ich zu dem kleinen Wurm in mir, »Mäuschen, ich muss dich ganz kurz bis an die Wirbelsäule ziehen, damit man keinen Bauch sieht.«
»Okay, Mami!«
»Man munkelt, Sie seien schwanger?«
»Sieht man denn was?«
»Nein!«
»Sehen Sie. Aber ich verspreche Ihnen, sollte ich schwanger werden, werden Sie es als Erste erfahren.«

Sie haben es mir damals abgenommen.
»Jetzt nichts wie hin zum Tisch, denn lange halten wir das nicht mehr aus, du und ich.«
Im Sitzen hatten wir zwei es wieder ganz gemütlich, und das Baby hat keinen Schaden genommen.

Sechs Wochen später saß ich in der Redaktion und schrieb gerade einen Artikel über Hygiene in Deutschland. Einer Umfrage zufolge putzten sich 1967 hier zu Lande fast 42 Prozent der Bundesbürger nie die Zähne. Mir wurde schlecht. »Aha«, dachte ich, »der Ekel.« Aber nein, es war mein Kind, das sich ankündigte. Mit meinem uralten Buckel-Volvo machte ich mich auf den Weg in die Klinik. Vor dem Krankenhaus war kein Parkplatz zu finden. Ich spürte, es wurde höchste Zeit, deshalb ließ ich den Wagen einfach stehen und stürmte in die Eingangshalle: »Es ist so weit!«, schrie ich. »Na, junge Frau, jetzt mal langsam, nicht so hastig«, grinste ein vorbeihastender Assistenzarzt. »Zuerst parken wir den Wagen ordentlich! Heute kommt alle naselang eine völlig aufgelöste Frau rein, die meint niederzukommen, dabei ist es nur der Föhn.«
Gott sei Dank erschien in diesem Moment mein Arzt. »Das mit dem Föhn stimmt«, sagte er, »aber bei Ihnen ist es offensichtlich wirklich so weit. Wir bringen Sie gleich in den Kreißsaal. Um das Auto machen Sie sich mal keine Sorgen, wir brauchen nur den Schlüssel.«
Die Atmosphäre im Kreißsaal machte mich fertig, vor allem das Stöhnen der Frauen ringsumher. Dabei hatte mein Arzt mir doch versprochen, ich bekäme mein Kind wie eine Katze. »Keine Atemzüge mehr«, sagte in diesem

Moment die Hebamme. »Das Kind hat sich im letzten Moment gedreht. Vorbereiten zum Kaiserschnitt.«

Ich habe alles miterlebt, auch Alexandras ersten Schrei. Danach habe ich mich selig von rosa Wölkchen wegtragen lassen. Als ich wach wurde, hatte ich mein schlummerndes Kind im Arm. Ich war glücklich. »Gleich geht die Tür auf, der stolze Vater tritt herein und gratuliert mir zur wunderschönen Tochter«, wünschte ich mir innerlich.

Aber nichts dergleichen geschah. Stattdessen kam die Stationsschwester herein und teilte mir mit, dass draußen eine Meute von Fotografen lauerte und unbedingt das erste Foto von mir und meinem Kind machen wollte. Ich brach in Tränen aus. Die Schwester wusste sofort Hilfe. Sie hatte die »gottseidankste Idee«, wie Alexandra es genannt hätte, mich in meinem Zimmer einzuschließen. »Sie haben ja die Klingel, wenn Sie etwas brauchen sollten.« Ich nahm ihren Vorschlag dankbar an: »Wenn ich das Kind bei mir haben kann, kein Problem.« Abgeschirmt von der Außenwelt, fühlte ich mich sicher und geborgen.

Eines Abends, es war schon dunkel, schloss die Schwester plötzlich die Tür auf. »Da ist ein Mann, der behauptet, er sei kein Fotograf, sondern der Vater. Soll ich ihn reinlassen?«

Vater oder Detektiv, das war hier die Frage, denn da huschte ein Mann ins Zimmer, den Kragen seines Trenchcoats hochgeschlagen, sich nach allen Seiten umblickend. Es war der Vater. Er hatte große Angst, mit mir in Zusammenhang gebracht zu werden. Wir waren uns schon Jahre zuvor einig geworden, nichts von unserer Verbindung an die Öffentlichkeit dringen zu lassen, weil wir warten wollten, bis seine Kinder flügge sein würden. Trotzdem war ich gekränkt, dass sich jemand bei Nacht und Nebel zu mir schleichen musste, wo ich doch mein Glück und meinen Stolz auf das Kind am liebsten in die ganze Welt hinausgeschrien hätte: »Seht her, hier ist etwas Außergewöhnliches passiert!« So fühlt natürlich jede Mutter. Einen zweiten väterlichen Besuch im Krankenhaus gab es nicht mehr.

Ich hatte große Angst vor dem Verlassen der Klinik. Diese Angst war aber völlig unbegründet, wie sich herausstellen sollte, denn meine liebe Fernsehkollegin und Freundin Carolin hatte alles umsichtig organisiert. Sie erschien zum Tag X mit einem großen, weichen Kopfkissen, machte ein Schiffchen daraus und legte das Baby hinein. Damit ging sie an den nichts ahnenden Fotografen vorbei zum Auto. Ich folgte eine Viertelstunde später durch den Hinterausgang – ohne weiter aufzufallen, da ich ja kein Baby dabeihatte. Somit hatten wir die Presseleute erfolgreich ausgetrickst!
Zum Glück war inzwischen das Nest für mein Kind fertig gebaut – meinen Eltern sei Dank. Allerdings hatte ich einen ziemlichen Bammel vor dem neuen, noch unbelebten Haus. Aber auch dies war völlig ungerechtfertigt, denn Carolin hatte die ganzen Räume mit dicken Sträußen Tulpen geschmückt, und Kinderschwester Ruth war auch schon da.
Die ersten Tage war ich so schwach, dass ich sie nur im Bett verbringen konnte. Dies war kein Wunder, denn mit Kind hatte ich fünfundfünfzig Kilo gewogen, nach der Geburt nur noch fünfundvierzig. Langsam rappelte

Der Fotograf sagte voller Stolz, es sei das schönste Mutter-Kind-Bild, das er je gemacht habe.

ich mich wieder hoch. Ich musste stark werden und arbeiten für Alexandra, die Kinderschwester und mich. Außerdem wollte ich keine Minute mit Alexandra versäumen. Schon damals begann die Gratwanderung zwischen Kind und Arbeit.

Selbst ein halbes Jahr später war ich noch so dünn, dass meine Nase wie ein Messer aus meinem Gesicht ragte. Zur Funkausstellung im August 1967 wurden zwei Kolleginnen, Robert Lembke und ich gebeten, zusammen mit Willy Brandt auf den Knopf für das Farbfernsehen zu drücken. Eine epochale Minute, denn damit begann eine neue Ära im Fernsehen.
Ich genierte mich für mein verhungertes Aussehen dermaßen, dass ich auf ein weißes Rippenstrickkleid zurückgriff, um ein wenig fülliger zu wirken. Weiß für das Farbfernsehen – das brachte mir herbe Kritik ein. »Sie will nur auffallen«, hieß es. Ich war zu schwach, um mich zu rechtfertigen, außerdem war es mir gleichgültig. Ich hatte mir schon so vieles anhören müssen über die Frechheit, einfach so mir nichts, dir nichts ein nicht eheliches Kind in die Welt zu setzen. Es muss vor allem viele geärgert haben, dass ich über Nacht so populär wurde wie heute vielleicht Verona Feldbusch mit ihrem erfrischend frechen Auftreten.
Denn in den Sechzigern und Siebzigern war das, was ich mir »geleistet« hatte, noch ein absoluter Skandal. Wobei man mir natürlich, was das Kind betraf, jede Leistung absprach. Eine Frechheit war es, sonst nichts. Ich aber dachte mir damals, dass ich für mich allein und gegen alle Widerstände entscheiden musste, was wichtig für

mein Leben war. Priorität in meinem Leben hatte nun mal dieses Kind. Ich hatte mir persönlich die Freiheiten erkämpft und die Wünsche erfüllt, für die die 68er auf die Straße gingen. Da war mir der Muff unter den Talaren verhältnismäßig egal.

Meine Mutter, die nur wenige Wochen vor Alexandras Geburt einen elenden Krebstod gestorben war, hätte das Kind so gerne noch gesehen. »Bis dahin halte ich noch durch«, hatte sie immer wieder beteuert.
Mich plagte damals, kurz nach ihrem Tod und noch jahrelang danach, immer wieder ein wüster Alptraum: Ich gehe mit dem Kind und meiner Mutter spazieren. Plötzlich tut sich die Erde auf zu einem großen, unüberwindbaren Spalt. Meine Mutter steht – wie von einer Riesenfaust gepackt – auf der anderen Seite. Ich sehe immer wieder ihre vor Entsetzen starren Augen. Das Kind an meiner Hand weint hilflos. Und umgekehrt: Die Erde reißt auf, das Kind steht jetzt auf der anderen Seite. Mit ausgebreiteten Ärmchen fleht es mich an: »Mami, hilf mir doch!«
Ich konnte ihnen nicht helfen, weder meinem Kind noch meiner Mutter. Wie oft habe ich in den vergangenen Monaten darüber nachgedacht und gegrübelt, ob dieser quälende Alptraum eine Vorahnung gewesen sein könnte, dass ich beide verlieren muss.

Das Gefühl einer Bedrohung muss es auch gewesen sein, dass ich Alexandra für gewöhnlich in meinem Bett schlafen ließ. Ich fühlte mich geborgen, wenn ich ihre regelmäßigen Atemzüge hörte. Und ich dachte mir – nein, ich spürte es deutlich –, in dieser Nacht kann ihr schon mal nichts passieren. »Mutter und Kind in einem Bett. Pädagogisch ist dies ein Ding der Unmöglichkeit!«, hat mich so mancher belehren wollen. Uns beide hat das wenig gekümmert. Wer sollte uns auch dazwischenreden?

Zuweilen fühlten wir uns aber doch recht einsam in dem großen Haus. Das änderte sich mit dem Tag, an dem Uschi, meine Freundin, kam. Nein, sie ist mehr. Wenn es Wahlverwandtschaften gibt, dann ist sie mit allen, die zu ihr gehören, auch meine Familie – und sie war Alexandras Zweitmutter. Selbst als sie schon ihre eigenen vier Kinder hatte, wäre sie bereit gewesen, Alexandra zu adoptieren, falls mir etwas zustoßen sollte. Sie verteilte ihre Liebe immer gleichmäßig auf ihre »fünf« Kinder, und auch ihr Mann Poldi stellte Alexandra grundsätzlich als »meine älteste Tochter« vor.

Zurück zu meiner schönsten, wenn auch komplizierten Zeit. Ich war nach einem halben Jahr in höchsten Nöten, weil Püppchens Kinderschwester private Probleme hatte und kündigen musste. Meine Freundin erklärte sich bereit, mir zu helfen, und zog bei uns ein.
Ich werde diese Szene nie vergessen: Alexandra stand im Laufstall – ich hasse dieses Ding, finde es alles andere als gut, einen kleinen Menschen einzusperren, auch wenn er vor sich selbst geschützt werden soll, aber manchmal bleibt einem nichts anderes übrig –, sie stand also im Laufstall, weil ich gerade telefonieren musste, und hatte ihren geliebten roten Puppenbesen in der Hand. In diesem Augenblick öffnete sich die Tür. Herein

kam Uschi mit einem blonden Kind an der Hand: Sascha, vier Jahre alt, der Sohn einer Freundin, deren Mann gestorben war und die deshalb wieder arbeiten musste. Es war typisch für Uschi, dass sie immer einsprang, wenn Not am Mann war. Und das sollte sich in diesem Fall zum Segen für mein Kind auswirken. Der blonde kleine Prinz, der da hereinstiefelte, hatte es ihr vom ersten Augenblick angetan. Ihr Entzücken über den lebendigen Spielpartner war grenzenlos, und auch er muss sie als »pädagogisch wertvolles Spielzeug« gesehen haben:

1. Akt: Er befreite das Kind auf der Stelle aus seinem Gefängnis.
2. Akt: Er nahm ihr den »albernen Puppenbesen«, wie er sagte, aus der Hand und wollte mit ihr vernünftig spielen. Ich hätte mich das nicht getraut. Mein verwöhntes Prinzesschen ließ alles zu und himmelte ihn an: Was für ein Mann!

Ich habe den kleinen Kerl gleich ins Herz geschlossen. Er hat mein Kind gefördert, weil er es gefordert hat. Innerhalb kürzester Zeit konnten wir den Kinderlöffel entsorgen, wir bekamen die vielen kleinen Dinge des Alltags problemlos in den Griff, und mein Püppchen lernte erstaunlich früh, Roller zu fahren. Sascha war ihr großes Vorbild. Der Dornröschenprinz schaute seine Prinzessin nur erwartungsvoll an, und alles ging wie von selbst. Natürlich lernte er in den zweieinhalb Jahren, in denen er bei uns lebte, auch von ihr, so zum Beispiel das schöne Gute-Nacht-Lied, eine leicht abgewandelte Eigenkreation von Alexandra: »Schlafe selig und süß, schau im Traum ins Paris.«

Oder Weihnachtslieder wie »Christritter ist da«.

»Es ist ein Dorn gesprungen.«
»Es geht ein Himmelsbote von Haus zu Haus, es ist der heile Bote, der heile Nikolaus.«

Mit dem schlafenden Kind durch die Heilige Nacht

Mit neun Monaten erlebte Püppchen ihr erstes Weihnachtsfest. Ihr Vater musste mit seiner Familie feiern, und Uschi war bei ihren Eltern. Ihre Mandeln mussten raus. »Schönes Weihnachten!«, dachte ich bei mir und meldete mich zum Heiligabend-Dienst im Fernsehen. Man war mir sehr dankbar. Also packte ich mein Weihnachtskind in einen Korb, dazu die Windeln und Fläschchen und Gläschen mit Gemüse und Banane-Birne-Brei. Püppchen hasste Gemüse. Aber was sein muss, muss sein. »Es ist ja so gesund!«, versuchte ich sie zu überzeugen. Diese Überredungskünste waren bei der Banane-Birne-Komposition nicht nötig. Sie liebte es – eine Belohnung für die vorangegangene Zumutung.

Die Fahrt zum Fernsehen verlief erstaunlich kurz und still. Überall wartete man auf das Christkind. Ich aber hatte mein »Christkind« dabei und fühlte mich zufrieden und glücklich. Mein Püppchen schlief wie immer im Auto. Das Brummen des Motors und die Schaukelei hatten sie eingelullt.

Das habe ich mir übrigens oft zu Nutze gemacht. Konnte

das Kind nicht einschlafen, packte ich es ins Auto, fuhr fünf Minuten im Kreis, und schon schlief es tief und fest. Dass es anschließend ins Bettchen gebracht wurde, hat es meist nicht einmal registriert.

In Freimann ging ich zuerst einmal in die Maske. Als die Verschönerungsarbeiten an mir sich dem Ende zuneigten, hörte ich, wie die Maskenbildnerin telefonierte. »Sie kommen gleich!«, flüsterte sie. Was hatte das zu bedeuten? In der Sendeleitung angekommen, wusste ich es. Der Leiter vom Dienst hatte alles liebevoll weihnachtlich geschmückt, ein großes weißes Papiertuch über den nüchternen Bürotisch gelegt und alle zehn Zentimeter eine rote Kerze aufgestellt. In der Mitte der Tafel prangten bunte Salate und Weihnachtsteller mit Leckereien. Püppchen wurde bei diesem Anblick ganz starr auf meinem Arm, denn die vielen roten Lichter irritierten sie anfangs. Ein fragender Blick zu Mami – die strahlte. Also konnte sie auch strahlen.
Ich habe heute noch das ekstatische Lächeln auf ihrem Babygesicht vor mir. Sie konnte sich nicht satt sehen. Mami war jetzt nicht mehr so wichtig, aber die musste sowieso arbeiten.
Nach der feierlichen Generalansage kam ich zurück ins Weihnachtszimmer. Püppchen schlief selig. Wolfgang, ein eingefleischter Single, hatte es inzwischen gefüttert und gewickelt. Ich staunte: »Wie hast du denn das hingekriegt?«
»Ganz einfach, ich habe mir angeschaut, wie es vorher war, und habe es genauso gemacht«, meinte er zufrieden mit sich selbst. »Mit dem Gemüsegläschen bin ich aller-

*Für Alexandra das größte Vergnügen:
alles nachzumachen, was Mami macht.*

dings gescheitert. Also habe ich ihr gleich das Bananengläschen gegeben. Das stinkt auch später nicht so, du verstehst. Nun ist sie zufrieden, wie du siehst, und ich auch. Denn immerhin war die Aktion eine Premiere für mich.«
Wir haben noch lange nach Dienstschluss weiter gefeiert. Später bin ich mit dem schlafenden Kind durch die Heilige Nacht nach Hause gefahren. Mir war dabei sehr feierlich zu Mute.

»Jule will nis – Jule bleiben«

Püppchens Kinderjahre und unser Zusammenleben in unserem Haus am Ostufer des Starnberger Sees erlebten wir alle als eine sehr intensive Zeit. Da ich nicht wollte, dass Alexandra als Einzelkind aufwuchs, hatten wir sehr oft kleine Gäste – unser Zuhause war ein Paradies für Kinder. Uschi wohnte bei uns, ihre Schwester schickte ihre Sprösslinge, Sascha war sowieso in die Familie integriert, und ein halbes Jahr später wäre Julchen fast unser Kind geworden.
Uschi und ich kauften an einem brüllend heißen Sommertag bei meinem Lieblingsdesigner Bernd Stockinger in Schwabing ein. Unter den Kleiderstangen versteckte sich ein Hundekorb, der uns bislang noch nicht aufgefallen war. Plötzlich Leben im Korb. Zum Vorschein kam aber kein Hund, sondern ein Kind. Das kleine Mädchen hatte man in indische Tücher gewickelt, es hieß Julchen

und war zwei Jahre alt. Wir waren gleich verliebt in dieses entzückende blonde Mäuschen.
»Was macht das Kind bei dir, und zu wem gehört es?«, wollten wir von Bernd wissen.
»Die Mutter hat keine Zeit und hat es bei mir abgestellt. Nur für ein paar Stunden«, erklärte er uns.
Nach und nach erfuhren wir mehr über Julchen. Weil die Mutter immer unterwegs war, wurde Julchen in der Regel in der Früh gewickelt und gefüttert und dann zu ihrer eigenen Sicherheit im Schlafsack ans Bett gebunden. Sie musste stundenlang allein bleiben und war das, was man heute verhaltensgestört nennt. Wir erkundigten uns, ob die Mutter einverstanden wäre, wenn wir Julchen mit zu uns nach Hause nehmen würden. Sie willigte gerne ein. Am Wochenende aber wollte sie ihr Kind unbedingt »zu Hause« haben.

Hippie-Zeit.
Blumenkinder.
Völlig losgelöst unter Haschschwaden.
Und mittendrin Julchen.
Selber benebelt.
Tanzend mit voller Windel und wundem Popo.

Jeden Montag holte meine Freundin das Kind also zu uns. Die Prozedur, die dann folgte, war immer die gleiche. Zunächst wurde Julchen gebadet. Sie war unter den Windeln bis zur Taille krebsrot wund und schrie wie am Spieß. Wir setzten sie sanft ins lauwarme Badewasser, in das wir ein paar Tropfen Kamillosan zum Abheilen gegeben hatten. Das Kind weinte anfangs haltlos, wurde

Uschi, Julchen und Alexandra holen mich nach getaner Arbeit am Flughafen ab.

dann aber entspannter und schlief manchmal vor Erschöpfung im Wasser ein. Wenn wir sie anschließend noch dick mit Zinksalbe eingecremt hatten, konnte Julchen dem Leben schon wieder positivere Seiten abgewinnen.
Püppchen war voller Mitgefühl und beschloss, dass Julchen unbedingt abgelenkt werden müsste. Malen, zum Beispiel mit Fingerfarben, bot sich hier an. Es war für uns erschütternd, die beiden Kinder zu beobachten. Unserem Püppchen konnten die Farben nicht kreischig genug sein, Julchen malte dagegen grundsätzlich in dunklen Farben, finster und trostlos.

Am Freitag hatten wir das Kind einigermaßen in Schuss. Sein Po war abgeheilt, und manchmal konnte Julchen sogar lachen. Wenn aber Uschi den Schlüssel ihres Mini zückte, um sie nach Hause zu bringen, krallte sich das Kind in ihren Haaren fest und schrie, dass es uns fast das Herz brach: »Jule will nis – Jule bleiben …« Es war zum Verzweifeln. Montags mussten wir dann wieder ein völlig verstörtes Kind in Empfang nehmen.
Einmal wurde Julchen bei uns zu Hause abgeholt. Ein Rolls Royce fuhr vor. Heraus quollen eine Menge Menschen, in Hippiegewänder gehüllt. Eingehüllt wurden auch wir von einer Wolke stinkender Schaffelle, die über den Autositzen lagen – bei dreißig Grad im Schatten. Während wir uns die Nase zuhielten, fanden es die Rolls-Royce-Besitzer offensichtlich »cool«. Unser frisch duftendes Julchen musste, egal wie sie sich sträubte, mit in diesen nach abgestandener Luft riechenden Wagen.
Ein halbes Jahr litten wir mit Julchen, dann war uns

klar, dass es die Hölle für das Kind war. Wir waren uns einig, dass wir Julchen adoptieren wollten. Das Hin und Her musste im Interesse des Kindes aufhören. Allerdings hatten wir nicht mit der Reaktion der Mutter gerechnet. Sie sprang vor Empörung im Dreieck und entdeckte plötzlich Gefühle. »Die Schürmann will mir mein geliebtes Kind wegnehmen!«, hieß es. Damit war Julchens Schicksal besiegelt. Die Mutter zog in den Norden, das Kind soll ins Heim gekommen sein. Wir haben nie wieder etwas von Julchen gehört.

»Schmink dich einfach an mich«

Ich glaube, unser Püppchen hat in diesen Monaten viel, vor allem soziales Verhalten, gelernt. Schon mit drei Jahren konnte sie trösten wie niemand sonst. »Mami, du musst nicht weinen, du hast doch mich! Schmink dich einfach fest an mich«, sagte sie, wenn ich einmal traurig war.

Als ich von einem Casting für einen Film mit Trevor Howard aus Paris zurückkam, wäre das zärtliche Anschmiegen fast verhängnisvoll für sie geworden. Wir hatten in Paris bis spät in die Nacht gearbeitet, es muss etwa zwei Uhr morgens gewesen sein. Den ganzen Abend hatten wir nichts gegessen. Lediglich ein Austern-Bistro im Haus hatte um diese Uhrzeit noch geöffnet, und der Hunger trieb uns hinein. Ich wollte eigentlich

Ein Strandkorb in Bayern –
Püppchen und Mami in trauter Zweisamkeit.

nur Brot essen, ließ mich dann aber doch zu einer Auster überreden. Sie muss verdorben gewesen sein. Ich verbrachte die ganze Nacht über der Toilette. Die französische Blümchentapete des Hotelzimmers kreiste um mich, mir war sterbensübel.

Ich muss ausgesehen haben wie der Tod, denn die Lufthansa weigerte sich am nächsten Morgen, mich nach München zu transportieren. Ich flehte die Stewardess an, mich zu meinem Kind zu bringen, und irgendwann hatte sie ein Einsehen. Kraftlos und trotzdem glücklich lag ich später zu Hause in meinem Bett, mein Püppchen im Arm.

»Sie gefallen mir gar nicht«, sagte der herbeigerufene Arzt streng. »Es könnte eine Hepatitis A werden. Und wenn es tatsächlich so ist, hätten Sie das Kind schon angesteckt. Ich muss ihm auf alle Fälle vorbeugend Gammaglobulin spritzen.« Mein Püppchen und Spritzen – das war ein Kapitel für sich. Vor jedem kleinen Piks geriet sie in Panik. Zudem durfte sie nicht mehr zu mir auf den Arm – ein Horrortrip für uns beide. Es war Ostern 1970, das Kind also drei Jahre alt.

»Püppchen, du darfst mich jetzt nicht anfassen, das ist gefährlich, denn Mami hat eine ansteckende Krankheit.«

»Wo hast du denn den Stecker, Mami?«

Ein paar Wochen später meinte sie eines Morgens, fröhlich im Türrahmen stehend: »Du bist gelb wie ein Telefonbuch, Mami!« Da wussten wir beide, Uschi und ich, was die Stunde geschlagen hatte: »Massive Gelbsucht«, diagnostizierte der Arzt, »Hepatitis A.«

Ich wollte unter keinen Umständen ins Krankenhaus, deshalb kam der Arzt jeden Morgen und legte eine Infusion. »Wenn die Flasche leer ist, ziehen Sie die Nadel selbst raus«, instruierte er mich. Warnend fügte er hinzu: »Und nur Sie, nicht etwa Ihre Freundin, denn Ihr Blut ist höchst infektiös.« Uschi desinfizierte alles, was ich angefasst hatte: Besteck, Geschirr, Handtücher, das komplette Bad. Ihrer Umsicht ist es bestimmt zu verdanken, dass beide, sie und das Kind, nicht krank wurden. So haben wir auch das überstanden.

»Wir haben Ihre Tochter in unserer Gewalt!«

Meine Freundin hatte natürlich auch andere Verpflichtungen. Wir kamen überein, dass ich jemanden zur Unterstützung brauchte, wenn sie nicht da war. Mein Vater erklärte sich dazu bereit. Er lebte seit dem Tod meiner Mutter allein in einem ziemlich großen Haus und war selbst nicht gut versorgt. Ich konnte ihn überreden, unser Elternhaus zu verkaufen und zu uns zu ziehen. Gemeinsam haben wir so manches Abenteuer überstanden.

Da war beispielsweise der Abend, an dem ich um 20.15 Uhr Sendung hatte. Eine Viertelstunde vorher, ich saß gerade in der Maske, kam der Anruf: »Wir haben Ihre Tochter in unserer Gewalt!« Aufgelegt. Mir stockte der Atem, ich fing haltlos an zu schluchzen. »Oje, die ganze Schminke!«, protestierte die Maskenbildnerin sichtlich verzweifelt. Ich trocknete hastig die Tränen. Noch zehn Minuten bis zur Sendung. Schließlich kam jemand auf die Idee, meinen Vater anzurufen. Ich musste unterdessen ins Studio. »Bei uns ist alles in Ordnung«, ließ er mir ausrichten. »Sämtliche Türen sind verrammelt. Ich sitze am Bettchen und passe auf.« Ein erlösendes Daumen hoch meines Kollegen durch die Glasscheibe des Studios signalisierte mir, dass keine Gefahr bestand. Ich war wie erlöst, hatte aber vor Schreck den gesamten Text vergessen und musste alles ablesen.

Dann kam die Polizei. Die Beamten nahmen die Sache sehr ernst. »Wir fahren Sie nach der Arbeit bis zur Starnberger Autobahn. Am Autobahnende nehmen Sie unsere dortigen Kollegen in Empfang. Ihr Haus selbst ist bis auf weiteres bewacht. Sie können also wieder locker lassen«, wollten sie mich beruhigen.

Und wie ich locker gelassen habe. Zumindest in diesem Moment. Ansonsten wurden unsere Nerven durch nächtliche Drohanrufe überstrapaziert. Wir waren es gewohnt, bei jedem noch so kleinen Geräusch rund ums Haus aus dem Bett zu springen und unsere Waffen zu zücken – wenn man einen Gasrevolver und ein Luftgewehr als Waffe bezeichnen will. So hätten mein Vater und ich uns in einer dunklen Sommernacht beinahe gegenseitig erschossen.

Wir lagen alle friedlich im Bett, Alexandra in meinem Arm. Plötzlich gab es einen explosionsartigen Knall. Ich war sofort hellwach, riss den wie immer bereitliegenden Gasrevolver an mich und entsicherte ihn. Mit dem Mut der Verzweiflung war ich wild entschlossen, das Kind,

meinen Vater und mich zu verteidigen und den gefährlichen Eindringling »zur Strecke zu bringen«. Ich begegnete ihm am Treppenansatz – dachte ich. Aber es war mein Vater, das Luftgewehr im Anschlag. Gott sei Dank habe ich Eulenaugen und erkannte die gefährliche Situation sofort. Mein Vater war geschockt. »Hätte ich doch beinahe auf mein eigenes Kind geschossen«, jammerte er. »Und ich auf meinen eigenen Vater«, ergänzte ich, schon wieder mit einem erleichterten Lachen.
Wo aber steckte der Kerl, der uns ans Leder wollte? Nichts rührte sich. Wir machten uns auf die Suche, blieben aber erfolglos, denn es war offensichtlich nur eine Luftblase in der Heizung gewesen. Der Rest der Nacht verlief friedlich, und das Kind hatte von all dem überhaupt nichts mitbekommen.

Es gab aber auch schlimmere Situationen für uns. Aus einem Zuchthaus im Norden erreichte mich ein Erpresserbrief, verfasst von einem einfältigen – oder besonders raffinierten – Knastbruder. »Schicken Sie mir sofort 150.000 Mark«, schrieb er. »Nicht für mich natürlich, denn ich verehre Sie. Aber mein Kollege hat eine Reportage in der Zeitung gesehen von Ihnen, dem Kind und dem Haus. Er hat sich einen Plan gemacht, kennt sich jetzt also gut aus bei Ihnen. Er, nicht ich, will Geld, sonst will er die Kleine umbringen. Das wollen Sie doch nicht. Wenn Sie mir das Geld schicken, kann ich ihn vielleicht davon abhalten.«
Ich zeigte den Briefschreiber an und es kam zum Prozess. Ich war als Zeugin geladen und hatte wirklich Angst, dem Erpresser zu begegnen. Als ich im Gerichts-

*Mein Vater, der Beschützer von Alexandra.
Er liebte sie abgöttisch.*

saal aufgerufen wurde, versuchte ich, jeden Blickkontakt mit dem Angeklagten zu vermeiden. Der Richter wollte nur eines wissen: »Haben Sie sich als Mutter bedroht gefühlt?« – »Ja!«, konnte ich nur ehrlich antworten. Damit wurde der Häftling verdonnert, den Rest seiner Strafe aus einem früheren Verbrechen abzusitzen. Er wäre sonst wegen guter Führung – so heißt das wohl – frühzeitig entlassen worden.

»Nichts wie weg«, dachte ich mir und hastete über den Gerichtsflur nach draußen. Weit kam ich nicht, denn die Reporterin eines renommierten Magazins rannte hinter mir her und schleuderte mir, nachdem sie mich eingeholt hatte, ins Gesicht: »Schämen Sie sich denn gar nicht, den armen Kerl durch ein einziges Wort wieder hinter Gitter zu bringen? Sie wollten wohl auf die Tränendrüse drücken und haben sich davon einen großen Auftritt in der Yellow Press versprochen. Sich auf diese Weise zu vermarkten. Pfui Teufel, kann ich nur sagen!« Sie ließ mich aufgewühlt, nein aufgelöst zurück.

Es war übrigens dieselbe Reporterin, die sich veranlasst gefühlt hatte, meinen Ausspruch zu geißeln, das Kind hätte meinem Leben erst den richtigen Sinn gegeben: »Ein armes unschuldiges Kind muss dazu herhalten, Ihrem Leben einen richtigen Sinn zu geben. Sie sollten sich wirklich schämen. Ich kann nur zu Ihren Gunsten annehmen, dass Sie gar nicht wissen, was Sie sagen«, hatte sie mir vorgeworfen.

Es gab aber auch unglaublich faire Presseleute, menschliche eben. Da war zum Beispiel der Sohn mit berühmtem Namen aus einem großen Zeitungsverlag. Er behauptete, ein Porträt von mir machen zu sollen, war aber tatsächlich darauf angesetzt, ein erstes Foto von meinem Kind zu erhaschen. Er kam also zu mir nach Hause, und als ich die Tür öffnete, weinte das Kind. »Dein Baby weint«, sagte er. Ich antwortete ihm in höchsten Nöten: »Ich möchte es so gern beruhigen, bitte aber um Verständnis, dass ich kein Foto will, noch nicht.«

»Wenn du es nicht willst, werde ich den Teufel tun, dich zu irgendetwas zu überreden, was du nicht willst. Damit ich aber nicht umsonst angereist bin, mache ich eine Fotoserie von dir«, schlug er vor. Daran hielt er sich auch. Ich habe ihm so vertraut, dass ich ihm auf seinen Wunsch hin sogar das schlummernde Kind in seinem Bettchen gezeigt habe.

Überhaupt konnte ich mich in Sachen Presse damals nicht beklagen. Wohl aber über einen Intendanten. Es gab ein paar Monate nach Alexandras Geburt eine Umfrage unter den führenden Köpfen der Sendeanstalten, ob sie ein nicht eheliches Kind bei einer ihrer so genannten »Repräsentantinnen« dulden würden. Man muss sich das vorstellen: Da sollte ein Gremium von Männern quasi zu Gericht sitzen, um über mein Mutterglück zu befinden. Eine fast perverse Situation, über die man heute nur den Kopf schütteln oder lächeln kann.

Alle Intendanten, bis auf einen, reagierten gottlob vernünftig bis wohlwollend. Die Statements reichten von »allein ihre Angelegenheit – ich würde mich nicht einmischen wollen« bis hin zu Komplimenten für den mutigen Schritt. Nur der ewig Gestrige tönte: »Entlassen! Schleunigst entlassen müsste man sie!« Er hatte auch

eine Ansagerin gefeuert, weil sie im Mainzer Karneval auf einer privaten Veranstaltung im Babydoll-Nachthemd getanzt hatte. Dieser Herr jedenfalls fand sich mit seiner Meinung zur skandalösen Petra-Schürmann-Mutter allein auf weiter Flur.
Eine Fernsehzeitschrift hatte das Resultat geschickt aufbereitet. In der Mitte, in einer Art Mandorla, Mutter und Kind. Im Kreis, in ovalen Bildrähmchen um beide herum angeordnet, die Köpfe der Intendanten und ihre Aussagen. Und unter Mutter und Kind prangte der Kopf des Herrn mit der radikalen Meinung.

Bigott waren damals auch eine ganze Menge sich christlich gebende Menschen. Eine Politikerin gebärdete sich besonders intolerant. In einer Tageszeitung geriet sie dermaßen in Rage über die unmissverständlich großzügige Haltung meines Senders mir gegenüber, dass sogar Franz Josef Strauß öffentlich zu meiner Verteidigung antrat. Er kannte mich damals zwar noch nicht, wetterte aber über die scheinheilige Haltung mancher Leute, die Abtreibungen zu Recht geißelten, gleichzeitig aber eine junge Frau verurteilten, die Mut auch zum nicht ehelichen Kind zeige.
Viele waren auf meiner Seite. Vor allem ein Geistlicher, der Pfarrer meiner Heimatgemeinde, hat immer wieder Verständnis gezeigt. Er erklärte sich zum Beispiel zu einer Haustaufe bereit, weil ich Aufsehen in der Öffentlichkeit vermeiden wollte. Als wir die Zeremonie besprachen, bat ich ihn, die Formel »Satan weiche«, die Loslösung von der Erbsünde also, unbedingt wegzulassen. Er schaute mich kurz an, erkannte sofort meinen kläglichen

physischen Zustand und versprach mir zu verzichten. Ob er die Formel dann doch noch ganz leise vor sich hin gemurmelt hat, weiß ich nicht.

Das Kind verhielt sich mustergültig bei der Zeremonie. Ich glaube, es war mit sich und der Welt zufrieden. Nicht ganz so glücklich war ich mit einem der Taufpaten. Als Taufgeschenk präsentierte er eine Pressglasflasche. Er hat sich auch in ihrem, wie man weiß, allzu kurzen Leben nie um Alexandra gekümmert. Er war als Taufpate eine herbe Enttäuschung für mich, wo ich doch sorgfältig gewählt zu haben glaubte, weil mir für mein Kind das Beste gerade gut genug war. Ich beschloss, in Zukunft Vater, Pate und Patin zu ersetzen und es Alexandra vor allem an Liebe nicht fehlen zu lassen. Dafür wurde ich vierunddreißig Jahre lang von ihr mit unendlicher Liebe beschenkt.

»Was ist eine Begründung, Mami?«

Mit zweieinhalb Jahren schon sagte Alexandra einmal zu mir: »Mami, ich hab dich so lieb, zwei Liter lieb.« Oder: »Mami, ich hab dich so lieb wie Sonnenbrand.« Wem sollte da nicht das Herz aufgehen? Zum Thema Liebe machte sie sich überhaupt früh Gedanken. Eines Tages, sie war drei Jahre alt, fragte ich sie:

»Püppchen, ich hab dich so lieb, weißt du denn, was das bedeutet?« Ihre Antwort: »Heiraten, Mami.« Und nach einigem Nachdenken: »Mami, wenn eine Mutter sein Kind auf den Arm nimmt, das ist Liebe.«
Einmal erklärte sie mir: »Mami, wenn du nicht auf der Welt wärst, hätte ich keine Sorgen, dann wäre ich ganz traurig.« Und ein andermal: »Bist du aus echt hier, Mami, oder hast du eine Maske auf?«
Das Kind war so lieb, dass es für einige Menschen offensichtlich nicht auszuhalten war. »Warte mal das Trotzalter ab«, hörte ich die Neider. Aber es gab keine Trotzphase, denn wir beide hatten schon früh den Dialog geübt. »Ich möchte keinen Klageton und kein Gejammere hören. Wenn du etwas willst oder dir etwas nicht passt, will ich eine Begründung dafür haben«, hatte ich Püppchen bereits von klein auf erklärt. – »Was ist eine Begründung, Mami?«
»Wenn du zum Beispiel schlechte Laune hast, möchte ich wissen, warum. Weil du mir heute beim Aufwachen kein so liebes Bussi gegeben hast, könnte schon eine Begründung sein. Das ist natürlich nur ein Beispiel. Dir fällt schon etwas ein«, ermunterte ich sie. Das tat es auch, und wie! Da aber gleiches Recht für alle galt, musste ich mich ebenso anstrengen, wenn es um Verbote oder Wünsche meinerseits ging. Ich habe mich so manches Mal sehr schwer getan.

Als sie zwölf war, wollte sie zum Beispiel mit Freundinnen und einem Führerschein-Neuling nach München ins Kino fahren. »Das kommt überhaupt nicht in Frage, Alexandra!«, lehnte ich entschieden ab. »Hoho, so geht's

aber nicht, Mami, einfach verbieten. Dafür musst du schon eine richtige Begründung haben«, meinte sie. Ich musste mich also gewaltig anstrengen, um sie davon zu überzeugen, dass der unerfahrene Junge am Steuer eine erhebliche Gefahr darstellte. Das hat sie eingesehen.
Mit der Begründung hatte es auch zu tun, dass sie als Fünfjährige erklären wollte, warum einige Länder so heißen, wie sie heißen: »Afrika heißt Afrika, weil da die Affen sind. Und Amerika heißt Amerika, weil da die Meere sind. Stimmt doch, Mami, oder?«

»Schon allein für meine Kindheit hat es sich gelohnt, gelebt zu haben!«

Nicht gerade das Meer, aber einen großen See hatten wir vor der Haustür, dazu einen aufblasbaren Pool von fünf Metern Durchmesser. Weil beides gefährlich ist und das Kind sich als richtige Wasserratte erwiesen hatte, übten wir schon mit vier Jahren Schwimmen. Alexandra wurde von mir mit prall gefüllten Flügelchen ausgerüstet, und dann ging es ab ins Becken mit uns beiden. »Das Wasser ist ja blauwarm!«, hat sie gejuchzt. Als einmal ein Besucher sie mit erhobenem Zeigefinger korrigierte: »Das heißt aber lauwarm!«, hätte ich ihn erschlagen können. Es war ein warmer, beständiger Sommer mit lauen Abenden, der Pool also wirklich lauwarm.

Nach und nach ließ ich etwas Luft aus den Schwimmflügelchen. Sie tat, als hätte sie es nicht bemerkt. Vielleicht bekam sie es in der Aufregung auch gar nicht mit, dass sie plötzlich viel tiefer im Wasser lag. Ich beobachtete sie genau, denn ich wollte auf keinen Fall riskieren, dass sie plötzlich Angst bekam. Sie zeigte keinerlei Furcht, nur ein fast entrücktes Lächeln glänzte auf ihrem Gesicht. In der nächsten Zeit verzichteten wir auf ein Flügelchen, dann auf beide. Als Ersatz gab es einen Besenstiel, an dem sie sich zwischendurch festhalten konnte. »Mäuschen, einen Zug nur und du hast ihn wieder«, lockte ich. Und dann kam endlich die große Stunde, in der sie – vom Erfolgserlebnis wie berauscht – frei geschwommen ist.

Wir waren stolz auf unser Püppchen, meine Freundin Uschi und ich. Und das war noch nicht alles. Im gleichen Sommer kam Kathi, die Tochter von Uschis Schwester, zu Besuch. Kathi brachte Alexandra in Windeseile bei, wie man in einem Zug durch das ganze Becken taucht. Tief Luft geholt, mit der linken Hand die Nase zugehalten, und auf ging es. Erst wenn sie blitzblau waren, konnten wir die beiden zitternden Wasserratten in warme Frotteetücher wickeln.

Wenn ich zurückdenke, war es, trotz aller Probleme, die immer wieder zu bewältigen waren, eine wunderschöne Zeit. Nicht zuletzt lag es auch daran, dass meine Freundin und ich übereingekommen waren, niemals vor den Kindern zu streiten. Wenn etwas ausdiskutiert werden musste, verlegten wir es auf den Abend. Meist war der Ärger dann schon verflogen, oder wir disputierten die Nacht hindurch.

Die Harmonie war nur durch unsere beiden periodisch

auftretenden Männer zu stören. Periodisch deshalb, weil sie viel zu tun hatten und nie kommen durften, wenn sie schlechter Laune waren oder nur zum Meckern antreten wollten. Sie hielten sich schließlich an die Regel, weil sie sonst gnadenlos rausgeflogen wären. »Gerade kommt's uns, da ist die Tür!«, sagten wir in solchen Momenten. Unsere beiden Herren zogen dann beleidigt ab und straften uns manchmal wochenlang mit Verachtung. Sollten sie. Sie kamen ja immer wieder. Nach und nach akzeptierten sie es, dass wir die Harmonie in unserem Kindernest nicht gestört haben wollten. Alexandra hat viele Jahre später einmal dazu gesagt: »Schon allein für meine Kindheit hat es sich gelohnt, gelebt zu haben!«

»Ich mal dir ein Vertragungsbild.«

Alexandra war bestimmt ein Ausnahmekind. Ich habe Kinder immer schon – auch im frühen Stadium ihrer Existenz – als kleine Persönlichkeiten betrachtet, was die Erziehung nicht gerade leichter macht. Heute denke ich mir oft, welches Glück ich mit Alexandra doch hatte, dass sie sich aus sich selbst heraus, von ganz allein, zum Besten entwickelte. Man musste lediglich ein wenig kanalisieren. So kristallisierte sich schon als Kleinkind ihr soziales Wesen heraus. Sie konnte es nicht haben, wenn jemand in ihrer Nähe Kummer hatte.

Ein Beispiel: Mit vier Jahren, ich stand gerade am Herd und kochte, passierte ihr etwas ganz Schreckliches. »Sei ja vorsichtig«, hatte ich sie noch gewarnt, »der Herd ist brutal heiß.« Mein Püppchen, sichtlich neugierig: »Warum glüht er dann nicht, Mami?« – »Das ist ein neuer Herd, da sieht man die Hitze nicht mehr so, aber sie ist da«, erklärte ich ihr. Das wollte sie selbst ausprobieren und kam mit ihrem Händchen unter meinem Arm auf die Herdplatte. Es roch sofort nach verbranntem Fleisch. Ich raste zum Kühlschrank: Eis! Sie schrie vor Schmerzen. Ich weinte. »Das darf einer Mutter niemals passieren«, schluchzte ich. Püppchen hielt inne. »Was ist dir denn passiert?«, wollte sie unter Tränen wissen. »Ich hätte auf dich aufpassen müssen«, stammelte ich vor mich hin. »Ich mal dir ein Vertragungsbild, Mami«, war ihre Antwort. Sie mir, die ich nicht genug aufgepasst hatte. Ich habe mich in diesem Moment gehasst.

Die Brandwunde war schlimm, wir mussten zum Arzt. Ich glaubte, berechtigten Vorwurf in seinen Augen zu entdecken. »Waren Sie denn so abgelenkt?«, wollte er wissen. »Nein, die Mami hat gerade eine Begründung gemacht«, verteidigte mich meine Tochter. Der Arzt konnte und wollte damit nichts anfangen. Streng erklärte er mir, was ich für die Heilung, aber auch in Zukunft, zu tun hätte: »Damit so was nie wieder vorkommt!« Mit diesen Worten waren wir entlassen.

Wochenlang lief mein Kind mit einem dicken Verband herum, als lebende Anklage für mich.

Püppchens Vertragungsbild konnte nicht entstehen, weil ihre rechte Hand verletzt war. Dann hatte sie es vergessen, und hoffentlich den Unfall und die Schmerzen auch.

Ich aber konnte diesen Zwischenfall nicht so leicht aus meinem Gedächtnis streichen. Der Arzt wollte mir nicht aus dem Kopf gehen. Er hatte ein schwer verletztes Kind vor sich, weil die Mutter nicht aufmerksam gewesen war. Insofern hatte er Recht. Ob er aber mit einer verheirateten, mit einer »ordentlichen« Mutter also, auch so barsch umgegangen wäre?

Zum Zeitvertreib, da Alexandra ja nicht malen konnte, schenkte ich ihr den Plattenspieler, den sie sich schon lange gewünscht hatte. Püppchen war begeistert: »Ich lieb dich so wegen dem Plattenspieler, den du mir geschenkt hast. Aber sonst lieb ich dich auch. Das sind ganz verschiedene Sorten von Liebe, Mami.« Dass sie so früh schon aus dem Bauch heraus derart differenzieren konnte, hat mich immer wieder gewundert. Heute würde man wohl von emotionaler Intelligenz sprechen.

Fest steht, das Kind war an Sensibilität nicht zu überbieten, weder in Bezug auf sich selbst noch in Bezug auf andere. Wenn sie einen Rollstuhlfahrer entdeckte, wenn irgendjemand litt, wollte sie auf der Stelle helfend eingreifen. Wenn sie Kummer hatte, konnte sie so herzzerreißend weinen, ganz in sich hinein, dass es einen Stein erweichen konnte. »Wie wollen wir das Kind durchs Leben bringen?«, fragte sich auch meine Freundin Uschi besorgt. »Sie wird sich mit ihrem sozialen Wesen immer schwer tun in einer brutalen Umwelt.« Prophetische Worte!

»Schau mal, Mami, da ist Zuckerwatte.«

Ende 1971 wurde mir eine Fotoreportage auf Gran Canaria angeboten. Ich zögerte ein wenig, weil Weihnachten vor der Tür stand. Aber warum sollten wir nicht mal auf einer Insel feiern? Wärme und Sonne würden Alexandra bestimmt gut tun.

Wir flogen in einem der ersten Jumbos. Wo heute die First Class untergebracht ist, war früher eine großzügige runde Bar angelegt. Wir konnten uns ausbreiten, denn wir hatten ausreichend Platz. Für Alexandra war es der erste Flug.

»Schau mal, Mami, da ist Zuckerwatte«, stellte sie voller Begeisterung fest. »Mäuschen, das sind Wolken«, erklärte ich meiner Tochter. »Kann man die essen, Mami? Ist das das himmlische Brot?«

Für eine Vierjährige war klar, am Himmel kann es nur himmlisches Brot sein, und Essen – vorzugsweise was zum Schlecken – war für sie damals sehr wichtig. Ihre Gedanken müssen immer wieder um das Thema Schlemmen gekreist sein. »Mami«, sagte sie im gleichen Jahr, »aus zwei Gründen möchte ich nicht ins Grab. Erstens, weil ich da Hunger kriege, und zweitens, weil ich dann von dir scheiden muss.« Man beachte die Reihenfolge.

Das Flugzeug befand sich im Landeanflug auf die Insel, für die ich so reif war. Doch Ruhe war uns nicht ver-

gönnt. Alexandra wimmerte vor Ohrenschmerzen, der Druckausgleich machte ihr zu schaffen. Die Tropfen, die ich immer dabeihatte, halfen nichts. Ein Kopftuch auch nicht. Auf der Insel war es zugig – wir hatten nicht damit gerechnet.
Im Hotel wartete ein Acht-Gänge-Menü auf uns, aber das Kind hatte Schmerzen. »Gibt es eine Möglichkeit, auf dem Zimmer zu essen?«, bat ich den freundlichen Kellner. Er erklärte sich einverstanden. »Aber natürlich höchstens drei Gänge«, schränkte er ein. Es war mir egal. Hauptsache, das Kind musste nicht leiden. Ich hatte nämlich ein Zaubermittel zur Hand: Märchen erzählen.
Der erste Gang: ein Süppchen. Gott sei Dank. Alexandra musste nicht kauen, denn kauen tat höllisch weh. Ich erzählte. Püppchen war ruhig. Ich nahm einen Schluck Suppe. Das Kind jammerte. Ich erzählte. Püppchen lächelte ein ganz klein wenig. Ich versuchte einen Schluck. Sie wimmerte: »Mami, es tut so weh.« Ich legte den Löffel endgültig weg. Und erzählte. Alexandra kuschelte sich in meinen Arm. Ich erzählte. Ich erzählte die halbe Nacht.
Das Kind wurde schwer. Bloß nicht ausziehen und waschen! Ich steckte mein Püppchen mitsamt Reisedreck ins Bett. Sie schlief, aber nicht lange. Es traf sich gut, dass der Märchenvorrat nie zu Ende ist für ein Kind. Es kennt jede Stelle in jedem Märchen, doch wenn man wagen sollte zu variieren, wird man zur Ordnung gerufen. »Mami, du erzählst es nicht richtig, das geht doch so: …«
»So geht es nicht«, dachte ich mir am nächsten Tag. Alexandra versuchte zwar noch im Sand nach Öl zu boh-

ren, »weil wir dann ganz reich werden, Mami.« Aber am Fuße eines Zehn-Zentimeter-Bohrlochs und Alexandras spitzen Erfolgsschreien: »Ich hab Öl gefunden!« – es war brackiges Wasser –, gaben wir auf. Wir brachen die ganze Reise ab.

Alexandras »Öhrchen-Empfindung«, wie sie sagte, wuchs und gedieh, deshalb flogen wir zurück. Zu Hause besorgte ich die entscheidenden Ohrentropfen und im letzten Moment ein Christbäumchen. Dann wurde es eines der schönsten Weihnachtsfeste, die ich je erlebt habe, mit meinem Christkind, das mir half, Haus und Baum zu schmücken und mir noch ein hinreißendes Weihnachtsbild malte. Wir zwei gegen den Rest der Welt.

»Das ist schon eine sehr bequeme Familie, in der ich da wohne.«

Alexandras Kinderglück war perfekt, als sie ein »Brüderchen« bekam. Es war Uschis erstes Kind, und Püppchen war fünf Jahre alt.

Am 27. Dezember 1972, wir saßen gerade bei den Resten der Weihnachtsgans, meldete sich das Kind an. Alexandra wollte unbedingt mit ins Krankenhaus, was natürlich nicht möglich war. »Passiert meiner Uschi auch nichts, wenn ich nicht dabei bin?«, fragte sie immer wieder besorgt. »Ich kann ihr doch die Stirn kühlen und

*Alexandras ganzer Stolz:
ihr »Brüderchen« Manuel, mein Patenkind.*

sie massieren.« Beides war gerade »in« bei ihr. Sie konnte auch auf großartige Erfolge verweisen, denn sie hatte bereits viele damit »geheilt«. Nun sollte das ausgerechnet bei ihrer geliebten Uschi nichts helfen? Und eines wollte sie nun gar nicht einsehen: die Sache mit der Geduld. Es dauerte eine Weile, ehe uns der Anruf aus der Klinik erlöste: »Es ist ein gesunder Bub. Sie können die junge Mutter heute noch besuchen.«

Alexandra wirbelte durchs Haus. »Mami, hast du nicht noch etwas von dem Kribbelwasser, dem vornehmen, meine ich, das so viel kostet?« Sie meinte Champagner. »Für meine Uschi können wir das doch ausnahmsweise mal opfern, gell, Mami? Eine Flasche oder gleich drei, Mami, die Uschi muss ja jetzt wieder kräftig werden. Ich hol sie aus dem Getränkekühlschrank, damit sie schön kalt sind.«

»Eine genügt erst mal, Püppchen«, dämpfte ich ihren Enthusiasmus. »Wenn die Uschi Alkohol trinkt, wird ja das Kind beschwipst, wenn es gestillt wird.« Dieses Wort war ihr neu.

»Was ist stillen, Mami? Muss man da ganz still sein?«

»Jedenfalls darf man nicht so herumwirbeln wie du. Das Kind wird an die Brust der Mutter gelegt, und dann trinkt es.«

»Immer nur Milch, das ist doch langweilig?«

»Für ein Baby ist es das Höchste. Aber schau dir das am besten selber an.«

Alexandra wollte gleich los und hastete durchs Haus, sammelte Obst, Schokolade, Kekse und Kerzen samt Zündhölzern in ihren Korb.

»Wozu denn die Kerzen?«, wollte ich wissen.

»Aber Mami, damit sie es feierlich hat, wenn sie brennen!«

Diesem Argument war ich selbstverständlich nicht gewachsen. Alexandra hatte mir inzwischen Schuhe, Mantel und Handschuhe geholt und klimperte schon mit dem Autoschlüssel herum.

»Jetzt komm endlich, ich will doch das Baby sehen! Mami, du bist aber langsam heute!« Sie wurde ungeduldig. Natürlich hatte sie Recht. Ich kam einfach nicht vom Fleck.

Schließlich war alles im Auto verstaut, und es konnte losgehen. Bis zur Klinik war es nicht weit, und Alexandra kannte die Strecke, dennoch fragte sie unentwegt: »Wie weit ist es denn noch?«

»Nur noch um die Kurve.«

»Weiß ich doch, Mami.«

Endlich erreichten wir unser Ziel. Ich versuchte zu parken.

»Mami, ich geh schon mal vor!«

»Untersteh dich, Püppchen!«

»Warum?«

»Weil du die Ruhe störst und gar nicht weißt, in welchem Zimmer Uschi liegt.«

»Warum liegt sie denn? Das Baby ist doch jetzt da. Ist die Uschi denn krank?«

»Krank nicht, aber erholen muss sie sich, eine Geburt ist ganz schön anstrengend.«

»Dann will ich keine Kinder haben«, beschloss meine fünfjährige Tochter.

Uschi lag in ihrem Bett wie ein kleines Mädchen. Alexandra war, trotz aller zärtlichen Bussis für Uschi, offensicht-

lich schwer enttäuscht. »Wo hast du denn das Baby? Ist das nicht immer bei dir?«, wollte sie wissen. »Es ist wie die vielen anderen im Babyzimmer«, erklärte meine Freundin. »Ich will es aber jetzt sehen, Mami. Ich hab der Uschi gerade so viele Bussis gegeben, jetzt hab ich keine mehr, ich bin ganz leer geküsst.« Sprachs und zog mich über den Flur Richtung Babyzimmer.
Dort war die Überraschung groß. »Lauter Püppchen«, staunte meine Tochter angesichts der rund einem Dutzend Babys. »Und wie gut sie riechen!« Wir schnupperten beide begeistert. Babyduft ist der schönste, den es gibt, für große, aber auch für kleine Frauen. Und dann meinte Alexandra coram publico: »Unser Baby ist das allerschönste!« Lange mussten wir – nach dieser Wahrheit aus Kindermund – üben, was Takt ist, jene schmale Gratwanderung zwischen Lüge und Rücksichtnahme.

Das Warten auf Uschi und ihr Brüderchen fiel Alexandra sehr schwer. Sie zählte die Tage, bis sie endlich nach Hause kommen sollten, vertrieb sich die Zeit mit Probeliegen im Babybettchen und stellte dabei bekümmert fest, dass sie doch schon ein Riese an Gestalt war. Dass Babys so klein sind, hätte sie nicht gedacht.
Auch das Spielen mit ihrer Freundin Andrea machte ihr in diesen Tagen des Wartens keinen rechten Spaß. Die war richtig gekränkt. Das fiel Alexandra wohl selbst auf, und so machte sie ihr ein tollkühnes Versprechen: »Weißt du, ich kenn einen Prinzen, der ist ganz aus echt, mit schönen blonden Locken. Beim Schlafen zieht er immer seine Krone auf. Ich schick ihn dir mal vorbei. Das kann ich, weil er mir gehört.«

Da war die Phantasie wohl mit ihr durchgegangen, von wegen Krone. Aber dass er ihr gehörte, der Prinz, das stand für sie außer Zweifel. Er war ja zum einen der Vater ihres »Brüderchens«, und er war ihr wirklich zärtlich zugetan. Ein Oktoberfestbesuch war ohne ihn undenkbar. In der Geisterbahn vertraute sie nur Poldi allein, kuschelte sich mit wohligem Gruseln in seinen Arm. Ich war dann wieder für das köstliche Essen bei Käfer zuständig und durfte sie zum Flohzirkus und zur Mäusestadt begleiten.

Neben Käfers Festzelt gab es einen Schießstand. Als Fünfjährige fand sie es an der Zeit, auch mal zum Schuss zu kommen. Ich hatte sie noch gewarnt: »Vorsicht, Mäuschen, das Gewehr hat einen starken Rückschlag. Mami macht es dir erst mal vor.« Sie wollte es trotzdem unbedingt versuchen. Mein Mäuschen legt also an, schießt und bekommt prompt vom Rückstoß des Gewehrs eine heftige Ohrfeige. Die gibt sie reflexartig an mich weiter.

Ich muss dazu erklären, dass sie gar nicht wusste, was eine Ohrfeige ist, denn ein Kind zu schlagen, finde ich abartig. Man schlägt meiner Meinung nach nur zu, wenn man keine Argumente mehr hat, aus Hilflosigkeit also. Es ist ein Armutszeugnis für einen erwachsenen Menschen, bei einem Kind Gewalt anzuwenden.

Doch zurück zu unserem Schießstand. Ich sehe die vor Entsetzen starren Augen der Frau: Ein kleines Kind schlägt seine Mutter. »Was passiert jetzt?«, mag sie überlegt haben. Ich brach in schallendes Gelächter aus, und mein leicht verunsichertes Püppchen fiel nach einigem Zögern ein. Zum Schluss lachten wir alle drei. Die Situation war gerettet.

*Püppchen und ich vor einem Wiesn-Besuch
mit dem obligatorischen Dirndl.*

Endlich war Uschi wieder da, mit ihrem Kind. Für Alexandra brach eine große, und keine ganz leichte, Zeit an. Einerseits hatte sie nun ein lebendiges Spielzeug, mit dem man aber äußerst vorsichtig umgehen sollte. Andererseits musste Uschi einen großen Teil ihrer Fürsorge und Liebe nun auch dem Baby geben.
Püppchen hielt sich an mir schadlos. Stundenlang musste ich sie wie ein Baby tragen, baden und salben. Stillen konnte ich sie allerdings nicht. Trotz der kleinen Eifersüchteleien nahm sie Rücksicht auf das Baby. Einmal hörte ich, wie sie mit ihrem Vater telefonierte: »Wir dürfen nicht so laut schreien, Papi, mein Brüderchen stillt gerade.« Und zum Abschied meinte sie: »Papi, ich lieb nur dich – bis auf weiteres.«
Abends im Bettchen summte sie die Melodie von »Schlafe mein Prinzchen ...«. Ich versuchte mitzusingen. Püppchen aber unterbrach mich: »Mami, lass das, ich singe jetzt erst die Noten, später mal den Text.«
Als kleine Aufmerksamkeit und Belohnung für ihre Rücksichtnahme schenkte ich ihr Glitzerzopfspangen. Sie brach in Jubel aus und stellte befriedigt fest: »Das ist schon eine sehr bequeme Familie, in der ich da wohne. Wenn ich die nicht hätte.«

Am liebsten waren ihr die großen Spaghetti-Essen bei uns zu Hause. Wenn wir dazu die beiden Väter eingeladen hatten, war es tatsächlich eine sehr »bequeme Familie«, die, wenn auch nur zeitweilig, komplett zu sein schien. Für Alexandra waren unsere gemeinsamen Abende jedes Mal ein Fest. Vielleicht hat sie deshalb zeitlebens so gerne gefeiert.

An einem dieser Abende, wir tranken einen guten Rotwein zur Pasta, kam Alexandras Vater auf die Idee, eine Runde Schnupftabak mit Menthol auszugeben. »Kein Problem für mich« – dachte ich. Ich hatte einige Übung darin, möglichst nicht niesen zu müssen. Jetzt aber wurde ich zum ersten Mal »high«. Ich schaute meine Freundin an. Ihr schien es genauso zu gehen. »Siehst du auch Doppelbilder?«, fragte ich. »Was heißt doppelt, ich sehe alles sechsfach«, kicherte sie.

Uns war nicht schlecht, das nicht. Dennoch mussten wir uns ganz schnell auf den Boden legen, denn alles drehte sich um uns. »Wie Karussellfahren«, stellte ich fest. »Dann will ich aber auch mal«, forderte Püppchen energisch. Wir kicherten albern und fühlten uns in der Horizontalen sichtlich wohl. »Was ist denn mit euch los?«, fragten unsere beiden Männer, von unserem Anblick offenbar leicht angewidert. »Sie sind lustig, das seht ihr doch«, verteidigte uns Püppchen. Für Alexandra war der Fall klar: Leuten, die kichern, fehlt nichts.

Die Herren haben sich diesmal schneller empfohlen als üblich. Unser Ausnahmezustand hielt nicht lange an, dann waren wir wieder topfit. Wir schworen uns aber, die unheilige Allianz von Rotwein und Menthol-Schnupftabak künftig zu lassen. Wieder nüchtern geworden, brachten wir Püppchen ins Bett. Ihr Brüderchen schlief schon lange und hatte natürlich nichts mitbekommen.

Das Bübchen schlief überhaupt viel. Zu viel, meinte Alexandra. Deshalb wollte sie wieder in den Kindergarten. Kaum war sie dort, plagte sie das Heimweh: »Ich will sofort zu meiner Mami!«, forderte sie. Alles Zureden half nichts. Wir kamen mit der sehr verständnisvollen Tante Otti überein, dass sie nur dort sein sollte, solange sie Lust hatte, und das hatte Alexandra bald.

Der heimelige Kindergarten mit den vielen Obstbäumen grenzt an den Friedhof, auf dem sie heute begraben liegt. Es tröstet, wenn fröhliche Kinderstimmen über die Gräber wehen, zugleich tut es aber auch grausam weh. Es weckt meine Erinnerungen an ein sonniges Kind, das nicht ganz unbelastet, aber umfangen von unendlicher Liebe aufwuchs.

Wer immer von uns Zeit hatte, holte Alexandra am Aufkirchener Kindergarten ab, wie später auch von der Schule. Nie haben wir sie alleine gelassen, meine Freundin und ich. Tante Otti aus dem Kindergarten spielte hingebungsvoll mit ihr und kam manchmal auch zu uns nach Hause, wo immer einige Kinder auf sie warteten.

Eines aber haben wir alle nicht verhindern können: Püppchen brachte eines Tages einen Zeitungsausschnitt mit. Mutter und Kind waren auf einem Foto abgebildet, daneben stand ein Text, den sie, Gott sei Dank, noch nicht lesen konnte: »Das uneheliche Kind der Fernsehdame, das ihren Namen trägt, weil sie den Vater nicht nennen will.«

»Mami, die Kinder haben gefragt, wie ich denn eigentlich heiße und warum mein Papi nicht bei uns wohnt. Ich hab ihnen gesagt, er wohnt doch bei uns, aber nicht immer, weil er so viel arbeiten muss«, erklärte mir Püppchen. Dass mein Kind bereits mit fünf Jahren sich und seinen Vater verteidigen musste, hat mich sehr getroffen. Ich hatte Gewissensbisse. Hatte ich überhaupt das

Recht, diesen Weg zu gehen? War es mir erlaubt, ein Kind in die Welt zu setzen, das sich so früh schon für mein Handeln verteidigen musste? Ich durchlebte damals schlaflose Nächte.

»Das Wertvollste ist die Mutter des Kindes und der Gott.«

Als Alexandra noch nicht zur Schule musste, nahm ich sie oft zu Galas und Modenschauen mit. Einmal – sie war viereinhalb Jahre alt – waren wir zehn Tage am Stück unterwegs. Auf dem Rücksitz hatte ich ein Bettchen mit Kopfkissen und Zudecke für sie gemacht. Das Rückfenster konnte ich mit einem Schnapprollo abdunkeln. Meine Rechnung ging auch diesmal auf. Das Auto brummte gemütlich und gleichmäßig vor sich hin, mein Kind schlief.
Nach dem Frühstück fuhren wir in der Regel los. Es waren nie mehr als sechzig bis achtzig Kilometer, dann checkten wir im nächsten Hotel ein. Ein ausgiebiger Spaziergang folgte, danach aßen wir zu Mittag. Für Alexandra war in den nächsten drei Stunden Schlafen oder Ruhen angesagt. Weil ich fest versprochen hatte, mich in der für sie fremden Umgebung nicht vom Fleck zu rühren, hatte ich viel Zeit, zu lesen oder meine Nägel zu pflegen. Nach dem Abendbrot kam für Alexandra die große Stunde. Die Mami, das Mikrofon in der Hand, stand auf der

Bühne. Püppchen half den Models hinter der Bühne beim Anziehen. Sie hatte sich genau gemerkt, welche Schuhe und welcher Schmuck wozu gehörte. Ich hatte ihr erzählt, je schneller die Mädchen auf die Bühne kämen, umso weniger Unsinn müsste ich da vorne erzählen. Das stachelte ihren Ehrgeiz noch mehr an. »Mami, hab ich dir wirklich geholfen?«, fragte sie dann immer, denn sie wollte gelobt werden. Das machte nicht nur ich, auch die Models überhäuften sie mit Komplimenten: »Ohne dich, Püppchen, würde das hier manchmal ganz schön ins Auge gehen.« Glücklich, etwas Sinnvolles getan zu haben, schlief sie gegen elf Uhr sofort tief ein.

Einmal, es war vor Altötting, entdeckten wir ein wunderschönes Marterl am Weg. Püppchen wollte auch einmal »kunstgeschichtliche Kenntnisse« zum Besten geben: »Schau mal, der Gott da, der ist ganz in echt Jugendstil.« Und dann andächtig hinterher: »Der Arme!«
Auf der gleichen Reise lag sie abends im Hotelbett und meinte im Halbschlaf: »Weißt du, was das Wertvollste auf der Welt ist, Mami? Das Wertvollste ist die Mutter des Kindes und der Gott.«
Es war überhaupt eine fruchtbare Zeit, was Alexandras Sprüche anging. Deshalb lief ich stets mit einem kleinen Ringbuch herum und notierte sie mit Datum. Heute bin ich froh, dass ich ab und zu darin blättern kann und die ganzen Wonnen, die mir Püppchen schon als kleines Kind bereitete, noch einmal nachvollziehen kann.
Dass da aber auch eine große Lücke in ihrem kleinen Leben war, zeigt eine Zeichnung von ihr, kaum dass sie schreiben konnte. Sie malte ein Herz, umgeben von

einer »kompletten Familie«, Papi, Mami, Püppchen. Darunter ein flehentliches »BITTE«.
Die Reaktion des Vaters darauf: »Entzückend!« Dazu lachte er. Ich dagegen empfand es als ein Psychogramm kindlicher Sehnsucht, als Aufschrei: Mami und Papi und Püppchen gehören doch zusammen: »BITTE«.

Ihre Kindheit – die ersten fünf Jahre jedenfalls – wurden jedoch viel stärker von *meinem* Vater geprägt, der lange Zeit bei uns im Haus wohnte und immer für Alexandra da war. Für sie war er nicht nur der Opa, sondern ein Vater. Und er war schwer verliebt in das Kind. Was er sagte, war Evangelium für Püppchen. Wenn sie ihre kleine Hand in die des Riesen legte – mein Vater war 1,91 Meter groß –, war ich zutiefst gerührt. Das ist Urvertrauen, habe ich mir gesagt. Vielleicht hat sie deshalb Tomy Ungerers Kult-Märchenbuch »Zeralda und der Riese« so geliebt, dass sie es auswendig konnte. Es mag ihr Vorbild gewesen sein, wie die kleine Zeralda Macht über das große Trumm Mann hatte.
Mein Vater wusste auch von Anfang an, dass Alexandra ein außergewöhnliches Kind war. Einmal erschreckte er mich mit einer Bemerkung zu Tode: »Du weißt ja, was man von Kindern sagt, die so lieb und verständig und schon Engel auf Erden sind: Die holt der liebe Gott früh zu sich.« Ich war geschockt und ertappte mich zukünftig dabei, jede noch so kleine Flegelei von ihr gut zu finden. »Gottlob doch kein Engel«, sagte ich mir zur Beruhigung. Ich hoffte aber immer, dass außer mir auch ein Schutzengel sie in allen Lebenssituationen behütete.

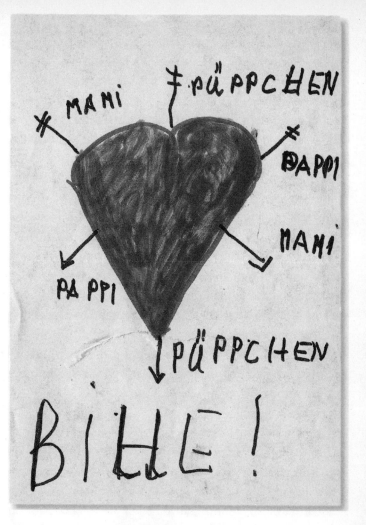

Meine Sorgen, meine Ängste um Alexandra erscheinen mir heute in einem anderen Licht, und ein Gedanke will mich nicht loslassen: Ob ich nicht von Anfang an unterschwellig eine Bedrohung ihrer Existenz gespürt habe?

Immer wieder bin ich im Laufe der Jahre gefragt worden, ob ich nicht noch irgendwelche großen Wünsche hätte, Karriere oder Familie betreffend. Und immer wieder habe ich fast beschwörend geantwortet: »Ich habe nur den einen Wunsch: Dass alles so bleibt, wie es ist.«

Mein vollkommenes Glück muss wohl den Neid der Götter geweckt haben. Und da ich nur an den einen Gott glaube, muss ich heute sagen, er hat mir gründlich einen Strich durch meine schöne Rechnung gemacht. Zeit ihres Lebens habe ich versucht, Alexandra zu beschützen, wo immer es mir möglich war. Eine meiner wichtigsten Beschwörungsformeln war: »Alexandra soll davor bewahrt bleiben!« Ich wollte sie behüten und bewahren – auch vor meinen Ängsten. Sie sollte keinesfalls damit belastet werden. Fröhlich aufwachsen sollte sie.

Es ist eine ewige Gratwanderung für eine Mutter, ihr Kind einerseits zu beschützen und andererseits für das Leben fit zu machen. Vielleicht wäre es mir leichter gefallen, wenn es ein Bub gewesen wäre oder wenn ich mehrere Kinder gehabt hätte. Nach Letzterem bin ich immer wieder gefragt worden: »Warum haben Sie nur ein einziges Kind? Dieses ist doch so gut gelungen!« Genau das aber war ein Problem für mich. Ich bin nach wie vor überzeugt, dass Alexandra ohne mein Zutun zu diesem wundervollen Wesen herangewachsen ist, das alle

Menschen verzaubert hat. Also war ich zu ängstlich und habe mich nicht getraut, das Genpuzzle ein zweites Mal zu versuchen, das bei der Zeugung immer wieder für einen unverwechselbaren, einzigartigen Menschen sorgt. Man kann dies auch im negativen Sinn sehen: Ich wollte das Schicksal nicht ein weiteres Mal herausfordern. Dabei konnte ich nicht ahnen, wie das Schicksal eines Tages mich herausfordern würde.

»Man kann ja nie wissen, was passiert.«

Ein winzig kleines Vorspiel sozusagen für einen unendlichen Verlust war der erste Schultag. Jetzt hatte ich sie nur noch einen halben Tag. Vorbei waren die schönen Zeiten, in denen wir zwei auf Achse waren, wie die Zigeuner durch die Lande zogen und unsere Freiheit genossen. Ich nahm mir vor, jede freie Minute mit ihr zu teilen, auch wenn der Beruf mich noch so fordern sollte.
Alexandra wurde im Herbst 1973 eingeschult. Für Püppchen war es ein Tag, dem sie mit wohligem Gruseln entgegensah. Das Abenteuer reizte sie schon, die Schultüte auch. Und wenn es gar nicht ging, so meinte sie, fest davon überzeugt, konnte sie ja mit Mami und Papi wieder nach Hause gehen. Dass Schule von nun an täglich zur Pflicht werden sollte, machte sie sich nicht klar. Ich da-

*Alexandras erster Schultag
mit Prilblümchen-Schultüte und
vor allem ihrem Papi.*

gegen hatte Angst vor diesem Tag. Mich beschlich dieses Gefühl, als ob die Nabelschnur ein zweites Mal durchtrennt würde. Ich heulte heimlich, natürlich nicht vor dem Kind.

Püppchen setzte sich in der Schule vorsichtshalber auf meinen Schoß – frei nach dem Motto: »Man kann ja nie wissen, was passiert.« Als Doppelstrategie gegen das Fürchten fasste sie sicherheitshalber noch die Hand ihrer Freundin Katzi, und dann nichts wie hinein ins große Unbekannte. Das war nach einer guten halben Stunde schon wieder beendet. Fotografen umringten Püppchen und ihre Freundin. Katzi mochte nicht posieren, und die Aufforderung, doch mal in die Kamera zu lächeln, war für sie fast obszön. Püppchen dagegen zeigte stolz ihre Schultüte mit den Prilblümchen, strahlte und verwies auf ihre neu erworbenen Schuhe – ebenfalls mit Blümchen, versteht sich. Alles in allem war dieser Tag ein besonderer für Püppchen. Für mich auch. Ein eher trauriger.

Im Dezember heirateten Gerhard und ich. Damit war die Familie endlich komplett. Die Hochzeit war eine recht nüchterne Angelegenheit. Um Presserummel zu vermeiden, hatten wir uns allein mit unseren Trauzeugen das Jawort gegeben. Mein zukünftiger Mann eilte mit Trenchcoat, hochgeschlagenem Kragen und dem Aktenordner unter dem Arm wie zu einem Behördengang ins Rathaus. (Trenchcoat – das hatten wir doch schon mal.) Ich kam wenig später mit grünem Lodenumhang, darunter ein Dirndl. So hielten es auch meine Trauzeuginnen Uschi und Ruth. Der Bürgermeister von

Berg hielt die übliche Zeremonie. Das war er auch schon, der angeblich schönste Tag im Leben eines Paares ...
Obwohl nach wie vor irrsinnig verliebt, war dies bestimmt kein Höhepunkt in meinem Leben. Mein schönster Tag war und ist immer noch die Geburt dieses Ausnahmekindes. Alexandra war das Kostbarste, was mir im Leben geschenkt wurde. Sie hörte das nicht gerne, vor allem nicht, als sie bereits erwachsen war. Wenn ich mal wieder schwärmte »wie hübsch – wie lieb – wie intelligent ...«, wehrte sie immer ab und meinte: »Das denkt doch jede Mutter von ihrem Kind, auch wenn es noch so greißlich ist. Mütter sehen ihr Kind verklärt. Ist doch ganz natürlich.« Natürlich ist das natürlich. Aber eben nicht bei Alexandra.
Zurück zur Hochzeit. Püppchen war nicht dabei, denn sie wäre vor Mitteilungsbedürfnis vermutlich geplatzt. Außerdem hätte sie ein weißes Brautkleid für ihre Mami reklamiert, vor allem aber Blümchen streuen wollen – und das mitten im Winter. So aber freute sie sich auf ein richtiges Familienfest zu Weihnachten.

»Das war eben keine so gute Idee, Mami.«

Wer nun vermutet, nach Schulanfang und Hochzeit wäre bei uns der Alltag eingekehrt, der täuscht sich. Ich wollte Alexandra auf jeden Fall das Haus ihrer

Kindheit erhalten, Elternhaus kann man ja nicht sagen. Zudem hatte ich in den nächsten Monaten große Bedenken, meine Selbstständigkeit aufzugeben. Jahrelang war ich autark gewesen, ich war es gewohnt, selbst bestimmen und entscheiden zu können und Verantwortung zu tragen. Es sollte für mich, und wahrscheinlich auch für das Kind, verdammt schwierig werden, den Mann und Vater von heute auf morgen in jede Überlegung mit einzubeziehen. Ich gebe zu, wir haben es ihm nicht immer leicht gemacht.

Nach der Hochzeit wohnten wir noch fast ein Jahr in zwei Häusern. Püppchen besuchte zwar gerne das »ländliche Hotel«, wie sie sagte, bei ihrem Papi, sie war aber auch froh, wenn sie wieder zu Hause sein konnte. Also hielten wir den Wahnsinn zweier Häuser aufrecht.
Mein Vater konnte mir irgendwann nicht mehr helfen. Er hatte ein zweites Mal geheiratet und war an den Chiemsee gezogen. Auch meine Freundin hatte ihren eigenen Hausstand gegründet. So mussten wir schnell feststellen, dass wir uns alle überfordert fühlten. Wochenlange Überlegungen folgten: Welches Haus sollten wir aufgeben? Meines lag nahe am Naturschutzgebiet und am sonnigeren Ostufer des Starnberger Sees. Für das Haus meines Mannes sprachen der schöne Blick auf Berge und See und vor allem die Nähe von Grundschule, Gymnasium und Krankenhaus. Wir überlegten wochenlang. Dann beschloss der Familienrat mit 2:1 Stimmen: Wir ziehen nach Starnberg und verkaufen mein Haus.
Die Stimme gegen Starnberg kam natürlich von Püppchen. Sie wollte unbedingt ihr Nest behalten, in dem sie

so glücklich gewesen war. Ich versuchte, unsere Entscheidung zu begründen: »Püppchen, hör mir mal zu. Unser Haus drüben«, begann ich, »ist doch ziemlich leer.« Das kannte sie. Sie hatte im Begründen längst Routine entwickelt. Ich gab mir alle Mühe, schlagkräftige Argumente zu finden: »Keine Uschi mehr. Keine Kinder. Kein Großvater. Es wird dir recht fad werden in dem großen Haus. Deshalb bin ich, sind wir, für Starnberg.« Sie war nicht zu überzeugen: »Trotzdem Mami, ich will lieber drüben bleiben«, beharrte sie. »Das ist aber keine Begründung, Püppchen«, versuchte ich sie umzustimmen.
»Wir können uns doch Kinder ins Haus holen, Mami«, schlug sie vor.
»Das können wir natürlich. Aber der Papi will seine Ruhe haben. Das weißt du. Kinder stören ihn. Hier wie dort.«
»Das ist es ja gerade. Und deshalb lass uns doch in unserem Haus alleine bleiben!«
Nur wir zwei. Entwaffnend logisch.
»Aber, aber«, konterte ich, »ist das das gleiche Kind, das unbedingt mit Mami und Papi zusammenleben wollte?«
»Das war eben keine so gute Idee, Mami!«
Sie war eifersüchtig auf ihren Vater. Und er auf sie. Ich muss zugeben, dass ich die Situation nicht gut gemeistert habe, bis zum Schluss nicht. Beide haben sich über die Jahre immer wieder einmal bei mir beklagt, dass ich mich ja nur um die Tochter oder nur um den Mann kümmere. Kleinere Erpressungsversuche wurden gestartet. Jeder reklamierte seinen Alleinanspruch auf meine Zuneigung, ebenso wie auf die spärliche Freizeit, und ich

bekenne, dass es mir in der Regel leichter gefallen ist, mich auf das Kind zu konzentrieren. Verzeih mir, Mann! Aber wir waren jahrelang allein, dein Kind und ich. Das schweißt zusammen. Und du hast ungerechterweise darunter leiden müssen. In der ersten Phase unserer Ehe wirktest du manchmal – sagen wir – irritiert. »Du kannst wohl überhaupt nicht mehr delegieren!«, hast du so manches Mal geklagt. Das stimmt. Ich mochte es anfangs nicht, habe es aber gelernt.

Irgendwann sind wir dann doch ins »ländliche Hotel« gezogen, denn die Schulnähe war ausschlaggebend. Es ersparte Alexandra die Bus- oder Autofahrt. Sie musste lediglich einen hundert Meter langen Schulweg zurücklegen, bei dem sich sogar der sonst eher bequeme Vater bereit erklärte, sie zu begleiten, wenn ich arbeiten musste.
Ich hatte berechtigte Angst, sie ganz allein zur Schule zu schicken, denn immer wieder gab es Briefe von Erpressern oder Gestörten, die dem Kind etwas antun wollten. Wenn es den einen oder anderen noch geben sollte, werde ich ihm mit meinem Bekenntnis eine verspätete Befriedigung verschaffen: Es hat mir so manche schlaflose Nacht bereitet.
»Wie aber kann das Kind selbstständig werden, wenn es keinen Augenblick allein gelassen wird?«, wollte man immer wieder von mir wissen. Ich war überzeugt, dass das bei Alexandras Intelligenz kein Problem sein würde. Und ich hatte Recht.

Als kleines Mädchen allerdings scheiterte ihrerseits so mancher Selbstständigkeitsversuch schon im Ansatz. So hatte sie sich eines Abends vorgenommen, zur Abwechslung einmal die Mami ins Bett zu bringen. Da hatte sie sich aber überschätzt, und zwar so überschätzt, dass sie sich noch abends hinsetzte und mir schrieb:

Das mit dem Dich ins Bett bringen, war doch nicht so gut.
Ich hatte Sehnsucht nach Dir, konnte dich aber nicht einfach wecken,
schließlich war vorher der Fernsehfilm und da habe ich auch nicht ans schmusen gedacht.
Ich weine ein klein bischen, weil ich mich so fühlte als fehle was als ich ins Bett ging!
BITTE !!!!! weck mich noch mal sonst kann ich nicht durchschlafen morgens.
Mach mich befor Du gehst noch mal wach.
Bitte!!
Es ist schöner Kind zu sein als Mami. Ehlich!!!!
Ich habe Dich furchtbar lieb!
Dein Püppchen.
P.S. Weck mich bitte,
befor Du gehst.

»So geht's nicht, Petra, das Kind wird ja niemals abgenabelt«, meinte ihr Vater und plädierte dafür, dass Alexandra allein ins Bett gehen sollte und im Schlafzimmer ihrer Eltern nichts zu suchen hätte. Ich wurde augenblicklich zur Furie: »Wenn ein Kind in der Nacht Angst oder auch nur Sehnsucht nach seinen Eltern hat, muss

Liebe Mami

Jetzt Erst Merke ich wie
schwirig es ist ohne ein
mütterliches Bussi einzuschlafen.
Trotz das der Papi so lieb zu
mir ist habe ich Sehnsucht
nach dir. Wenn du da bist
komme bitte an mein Bett
und wecke mich weil ich nicht
ohne es zu merken ein Bussi
haben möchte. Komme bald

Dein Püppchen
in echt
Alexandra

es jederzeit zum Kuscheln kommen können. Das Licht im Flur bleibt auch an, und die Türen offen!« Mein Mann war baff. So etwas hatte er noch nie gehört. Ich habe mich schließlich durchgesetzt. Er wusste genau, was das Kind betraf, verstand ich keinen Spaß.
Was aber tat sich zu Hause, wenn ich Hunderte Kilometer entfernt arbeiten musste?
Einmal, ich war in Berlin und flog am Abend zurück, fand ich einen knallorangefarbenen Zettel von Alexandra auf meinem Kopfkissen:

Liebe Mami
Jetzt Erst Merke ich wie schwirig es ist ohne ein
 mütterliches Bussi einzuschlafen.
Trotz das der Papi so lieb zu mir ist habe ich
Sehnsucht nach dir. Wenn du da bist komme bitte
an mein Bett und wecke mich weil ich nicht ohne
 es zu merken ein Bussi haben möchte.
Komme balld.
Dein Püppchen
in echt
Alexandra

Ich war beruhigt, ihr Vater war also zärtlich mit ihr, wenn ich nicht da war. Und ich hatte solche Sehnsucht nach dem Kind, dass es mich fast zerrissen hätte.

»Nur noch den Christus, der so victory-zeichenmäßig drauf ist.«

So manches Mal habe ich mir damals gedacht, dass Kind und Karriere doch nicht so ohne weiteres unter einen Hut zu bringen sind. Es sei denn – und diese mir selbst auferlegte Regel habe ich eisern befolgt –, es sei denn, die Freizeit ist voll dem Kind gewidmet.

Verboten und vergessen waren die erholsamen Abende mit Freunden, vergessen und verboten die Urlaube zu zweit. Das klingt auf den ersten Blick nach Verzicht, war es aber niemals. Ich hätte es ohne Alexandra vor Heimweh gar nicht ausgehalten.

Manche Reise fiel freilich nicht so ganz nach Kindervorstellung aus. Am Strand im Sand spielen, tagelang und selbstvergessen, das wäre nach Püppchens Geschmack gewesen. Ihren Eltern aber war es nach zwei bis drei Stunden todlangweilig, und zwar beiden.

»Warum muss ich denn mit in die blöden Kirchen und Museen«, motzte sie. »Lasst mich doch allein am Strand spielen, wenn ihr das nicht wollt.«

»Allein ist viel zu gefährlich, Mäuschen.« Manchmal ließ ich auch meine Phantasie spielen, um sie neugierig zu machen: »In dieser Kirche in Ravenna gibt es einen Christus, der schaut dich an, egal wo du stehst.«

»Geht doch gar nicht, Mami!« Immerhin, ihre Neugierde war geweckt, und sie kam mit uns auf Besichtigungstour. Später hat sie mir gesagt, dass sie einen leidenden

Christus gar nicht mehr so mag. Nur noch den, der »so victory-zeichenmäßig drauf ist«.
»Du meinst den Pantokrator?«
»Genau den, Mami, wie heißt der noch mal?«
»Allherrscher, Püppchen, Pantokrator. Also der von Ravenna, der seine Augen überall hat, ein Sieger!« Damit war der Fall für sie erledigt.

»Bitte, Mami, beweg Dich nicht, sonst erschrickt es.«

Alexandras Vater hatte einmal an Weihnachten eine hinreißende Idee. Er wollte, dass das Christkind tatsächlich kam. »Püppchen und Petra, geht mal nach oben«, forderte er uns auf. »Ich habe mit dem Christkind vereinbart, dass es in fünf Minuten durch den Garten geht.« Das Kind war unbeschreiblich aufgeregt: »Mami, jetzt komm endlich«, drängelte es, »sonst ist das Christkind wieder weg, so viel, wie es zu tun hat.«
»Wie will er das nur hinkriegen?«, überlegte ich, während wir die Treppe hochgingen. Gerhard kam unmittelbar hinterher. Tatsächlich: Nach äußerst spannenden Minuten kam mit kleinen Schritten ein leicht grünlich schimmerndes Licht durch den Garten getrippelt. Ganz langsam ging es um die Bäume herum und steuerte aufs Haus zu. »Das Christkind«, flüsterte Alexandra ergriffen. »Bitte Mami, beweg dich nicht, sonst erschrickt es.«

Ich war mucksmäuschenstill, während ich mir überlegte, wie mein Mann das Ding wohl gedreht hatte. Später, als Alexandra schon selig schlief, hat er es mir verraten. Er hatte ein chemisches Licht, das stundenlang brannte, wenn man es einmal in der Mitte gebrochen hatte, an einem unendlich langen, durchsichtigen Nylonfaden befestigt. Den hatte er sorgsam bis ins Haus und die Treppe hinauf ausgelegt. Das Ende trug er in der Hosentasche und ruckelte es Stück für Stück zu sich her. Deshalb machte das »Christkind« die kleinen Schritte. Püppchen wäre nie auf ihn reingefallen, wenn er nicht oben bei uns gestanden hätte, aber so war die Illusion perfekt.

Sie wollte das Wunder unbedingt ihren ungläubigen Freundinnen vorführen. Ihr Vater konnte sie überzeugen, dass das Christkind so etwas nur einmal macht, und auch nur bei ausgewählten Kindern, die sich das Jahr über einigermaßen lieb verhalten. Ein pädagogischer Trick mit ungeheurem Effekt.

Im nächsten Jahr wollte sie den Besuch noch einmal erleben; da aber glaubte sie nicht mehr ans Christkind. Schade.

Sie hat aber immer daran geglaubt, dass Geben seliger denn Nehmen ist. So war es auch ausgeschlossen für sie, ihre Weihnachtspäckchen als Erste zu öffnen. Nein, sie bestand darauf, dass wir ihre Geschenke zuerst begutachteten. Und das konnte Stunden dauern. Für sie muss dieses Ritual höchster Genuss gewesen sein. Natürlich freute auch sie sich über erfüllte Wünsche, zuerst mussten aber die von ihr Beschenkten zu ihrem Glück kommen.

Während ich hier meinen Erinnerungen nachhänge und sie zu fixieren versuche, fällt die Sonne auf ein Foto von Alexandra auf meinem Schreibtisch. Nur auf ihr Gesicht. Als ob sie mir über die Schulter schauen und assistieren wollte: »Mami, so kannst du es aber nicht formulieren. Da hätte ich einen besseren Vorschlag.«
Wenn es doch wirklich so sein könnte, Alexandra.

Sie hatte ein sonniges Wesen. Lachen konnte sie, dass ihr die Luft wegblieb. Ihr Vater genoss und provozierte es. Sein Kommentar: »Jetzt hat sie wieder ihr verrücktes Viertelstündchen!«
Immer wieder gelang es ihr, unangenehmen oder auch brenzligen Situationen etwas Positives abzuringen. Sie war knapp sieben Jahre alt, als ich nach Hamburg fliegen musste.
Püppchen fragte: »Passiert dir auch nichts dabei, Mami? Dass das Flugzeug abstürzt oder du entführt wirst? Was mach ich dann ohne Mami?« Ehe ich sie beruhigen konnte, mischte sich ihr Vater ein: »Mamis gibt's wie Sand am Meer, wir nehmen eine neue.« – »Aber sicher nicht so eine liebe wie die Mami«, entgegnete Püppchen. Ich schaltete mich ein: »Warte nur, Mäuschen, nach spätestens einem Jahr hätte die einen solchen Schiss vor dem Papi, dafür würde er schon sorgen.« Püppchen, wie aus der Pistole geschossen: »Der Papi müsste vor allem dafür sorgen, dass sie Schiss vor mir hätte.« Nach diesen goldenen Worten meiner kleinen Tochter bin ich sehr beruhigt nach Hamburg geflogen. Sie wird es im Leben schon richten, habe ich mir gesagt.
Ähnlich sachlich hat sie auch als Achtjährige mein Ab-

leben behandelt: »Mami, du bist ja nun älter als ich und musst, das ist ja klar, früher sterben. Könnten wir da nicht jetzt schon was verabreden? Dass du mal aus dem Himmel ein kleines Wunder machst, ein Haar oder eine Wimper oder so was von dir hinlegst, damit ich weiß, du bist nah?«

Jetzt sitze ich hier und warte auf ein Zeichen von ihr, das mir sagt, sie ist in meiner Nähe. Ich fürchte, das wird nur mit viel Phantasie möglich sein.

»Dann ist es eben wie eine Vorspeise, Mami.«

Alexandras Vater hatte beobachtet, dass sie bei Spaziergängen stets mit den Augen den Boden absuchte, weil sie unbedingt Edelsteine finden wollte. Eines Tages kam er von den Mineralientagen zurück und zeigte mir ein ganzes Säckchen mit Halbedelsteinen. Er verstreute sie im Garten und freute sich diebisch, als das Kind wieder einmal auf Schatzsuche ging.

Nach gut einer Stunde kam Alexandra mit glänzenden Augen ins Haus zurück und zeigte uns ihren sensationellen Fund. Der Vater setzte sein Pokerface auf und erklärte ihr die einzelnen Steine: »Du hast ja richtige Schätze gefunden. Das sind Amethyst, Rosenquarz, Glimmer, Bergkristall und Tigerauge.«

»Warum heißen die Tigerauge, Papi, sag?«

»Weil die Augen vom Tiger fast genauso aussehen.«
»Ist das wertvoll?«
»Natürlich.«
»Dann mache ich der Mami eine Kette daraus«, beschloss mein Kind.
»Dafür müsstest du aber die Steine bohren, die haben doch kein Loch«, warf mein Mann ein.
Das wollte Alexandra nicht einfach so hinnehmen. Nach kurzem Überlegen meinte sie: »Mami, magst du sie auch so aufheben, als Schatz? Dann bastele ich dir ein schönes Kästchen.«
»Aber Mäuschen, es ist doch noch nicht Weihnachten.«
»Dann ist es eben wie eine Vorspeise, Mami.«
Freude machen, sofort! Das war ihre Devise.

»Ich will wie die anderen Kinder aussehen.«

Der Tag der ersten Heiligen Kommunion war für Alexandra, wie für alle Kinder, ein großer Tag. Mein Vater reiste extra mit seiner zweiten Frau vom Chiemsee an, und selbstverständlich zählten auch Uschi mit ihrer Familie und andere Freunde zu unseren Gästen. Uschi hatte sich schon lange vorher Gedanken gemacht, was Alexandra als Haarschmuck tragen könnte. Wir fanden beide die damals in Mode gekommenen steifen Gebilde aus Nylonblumen hässlich und suchten nach einer Alternative. Püppchen sollte uns später, wenn sie einmal Fotos von ihrem großen Tag sah, keine Vorwürfe machen können.

In Starnberg war man, was echte Blumen betraf, damals offensichtlich noch nicht so weit, aber Uschi kannte einen Floristen in München, der Blumen designte. Sie war mit Alexandra bereits bei der Eröffnung des Ladens gewesen. Damals hatte ein junger Mann Püppchen das Kompliment gemacht: »Du siehst aber sexy aus.« Püppchen reagierte sekundenschnell: »Ich bin aber erst fünf.« Dank dieser Schlagfertigkeit avancierte sie augenblicklich zum Shooting Star der Geschäftseröffnung.

Drei Jahre später wollte Uschi denselben Floristen um Ideen für einen außergewöhnlichen Haarschmuck zur Erstkommunion bitten. Wir überlegten hin und her. Es sollte etwas Einmaliges und Unverwechselbares sein, vor allem eine Überraschung für Püppchen. »Ein Kranz aus großen Margeritenblüten wäre das Nonplusultra«, entschied Uschi schließlich. Wie aber konnte man diese so konservieren, dass sie auch am nächsten Tag noch frisch waren? Der Florist wusste sich zu helfen. Er umwickelte den Stiel jeder einzelnen Blüte mit feuchter Watte und umschloss diese mit Stanniolpapier, so dass nichts heraustropfen konnte. Der Kranz war entsprechend schwer und kostete ein kleines Vermögen. Wir hätten zehn Nylongebinde dafür kaufen können.

Püppchen war an ihrem großen Tag ganz aufgeregt. Ich half ihr beim Anziehen ihres Kleidchens – es war natürlich lang – und den unerlässlichen Accessoires. Zum guten Schluss zauberte ich unseren wunderschönen Margeritenkranz hervor. Den Kranz sehen und in haltloses

Weinen ausbrechen war für Püppchen eins. »Ich will doch wie die anderen Kinder aussehen, die haben alle so ein schönes Diadem wie die Barbie-Puppen auch«, schluchzte sie. »Jetzt lachen sie bestimmt über mich!«
Wir waren sprachlos und machten uns Vorwürfe. Wie hatten wir nur über den Geschmack eines Kindes hinweggehen und unseren eigenen Wünschen nachgeben können? Als ob es ausschlaggebend wäre, was die große Alexandra einmal über die Kommunionfotos sagen oder spotten würde! Nur dieser Tag war für Püppchen entscheidend. Vor uns stand ein unglückliches Kind, das nach dem Wunsch seiner »beiden« Mütter nicht wie die anderen aussehen sollte, dies aber selbst liebend gern wollte. Wir standen da wie die sprichwörtlich begossenen Pudel.
Püppchen trug ihren Margeritenkranz trotzdem – uns zuliebe. Und als sie später zahlreiche Komplimente für ihren hübschen Kopfschmuck einheimste, war die Welt auch wieder in Ordnung.
An diesem Tag war es überhaupt schwierig, der Hauptperson und den Gästen alles recht zu machen. Während des Gottesdienstes moserte mein Vater über die rhythmisch anmutenden Lieder mit Gitarrenbegleitung: »Das gehört nicht in eine Kirche!« Er hätte sich eine festliche Messe mit Chor und Orchester gewünscht. Der sonst so milde und tolerante Mann war schwer enttäuscht – ich, ehrlich gesagt, auch. Mir war die Musik zu banal, ich hätte es gerne feierlicher gehabt, allerdings hatte ich an diesem Tag bereits gelernt! Püppchens Reaktion, was den Haarschmuck betraf, war mir eine Lehre, nicht alles mit den Augen eines Erwachsenen sehen zu wollen.

*Alexandras erste Heilige Kommunion
mit Margeritenkranz statt
»Barbie-Nylon-Diadem«*

Beim festlichen Essen zu Hause waren alle Wogen geglättet und die Stimmung wieder gut. Püppchen hatte ihre ganze Familie um sich, das machte sie glücklich.
Um 18 Uhr war zum Abschluss der Kommunionfeier ein Dankgottesdienst angesetzt. Für uns war es Ehrensache, dass die ganze Gesellschaft dort hinmarschierte. Anschließend hatten wir in einem Lokal an der Kirche einen Tisch für das Abendessen reserviert. Es sollte eine Sensation werden, denn man versprach uns einen Pfannkuchen von einem Meter Umfang. Wir waren gespannt, denn das musste ja ein Riesending sein, von dem die ganze Familie satt werden konnte. Pustekuchen! Als der Pfannkuchen serviert wurde, waren wir alle enttäuscht: Ein Meter Umfang ist gar nicht übertrieben groß; wir hatten es schlicht mit dem Durchmesser verwechselt. Aber gut war er trotzdem, der Pfannkuchen.
Über uns bimmelten, nein dröhnten, die Kirchenglocken zu Ehren der Kommunionkinder. Plötzlich wurde mir schlecht. Ich wollte mir vor unseren Gästen und meinem Kind nichts anmerken lassen, deshalb gab ich vor, etwas aus dem Auto holen zu müssen. Der Parkplatz war etwa fünfzig Meter entfernt. Ich musste den Liegesitz herunterklappen und mich hinlegen. Kaum hatten die Malefiz-Glocken aufgehört, war ich wieder putzmunter, als ob nie etwas gewesen wäre. Püppchen hatte mich nicht einmal vermisst, weil sie an ihrem Ehrentag viel zu beschäftigt war.
Als ich sie an diesem Abend ins Bett brachte, umarmte mich mein Kind: »Mami, es war alles so schön, das werde ich nie vergessen!«, seufzte sie müde und glück-

lich. Ich habe mich gehütet, ihre kleine oder große Enttäuschung noch einmal anzusprechen. Jahre später sagte sie mir: »Ich bin ja nur froh, dass ich nicht so einen lächerlichen Billigheimer auf dem Kopf hatte, sondern die wunderschönen Margeriten. Aber damals hätte ich dich dafür erschlagen können, Mamski.«
Na denn!

»Du weißt ja, daß ich vor so etwas höllische Angst habe.«

Alexandras Vater hatte immer gute Ideen, wenn es um »sinnvolle Beschäftigungen«, wie er es nannte, für das Kind ging. Spielen wollte er allerdings nicht mit ihr, mit keinem seiner Kinder, für ihn war das unnütze Zeitverschwendung. Spiele, von denen sie auch etwas hatten, erfand Alexandras Vater dagegen genug. Dass er dann seine Ruhe hatte, war bestimmt »reiner Zufall«, also bewusst gewollt.
Püppchen hatte von mir die Vorliebe für Käuzchen, Fledermäuse und Igel übernommen, »denn wo sie sind, stimmt es noch mit der Natur«, hatte ich ihr eingetrichtert. Sie konnte perfekt den Schrei eines Kauzes nachahmen. Zu Beginn der Outdoor-Saison, wenn also der Frühling gekommen war, hatte sie sich angewöhnt, sämtliche Kinder der Umgebung mit ihrem kauzigen Werberuf aus dem Haus zu locken.

Mit Fledermäusen tut man sich da naturgemäß schwer. Die wollte sie aber unbedingt sehen. Der Vater griff ihren Wunsch auf und drückte der zierlichen Achtjährigen eine vier Meter lange Aluminiumstange, die zum Reinigen des Schwimmbades dient, in die Hand. »Die musst du senkrecht balancieren«, riet er ihr. »Dann kommen die Fledermäuse nach einer Weile. Für sie ist das ein Hindernis. Und mit Hilfe ihres Echolots werden sie die Stange nicht berühren, aber umkreisen. Na ja, ein bisschen Geduld muss man schon haben … Viel Glück!«

So stand denn mein armes Kind mindestens dreißig Minuten in der Dunkelheit. Die Stange war so schwer und lang, dass Alexandra sie praktisch unterlaufen musste, um das Gleichgewicht zu halten. Ich konnte es nicht mehr mit ansehen und erlöste sie von dem Übel: »Die Fledermäuse haben heute frei. Es ist nicht warm genug in dieser Nacht«, erklärte ich ihr. Ich musste schon gute Argumente haben, denn man konnte ihr nicht alles erzählen. In diesem Fall fruchtete es. Ich glaube, sie war froh, endlich das Gewicht der Stange losgeworden zu sein. Am nächsten Tag hatte Alexandra Rückenschmerzen. »Sinnvolle«, nehme ich an.

Man weiß ja, dass Arztfamilien medizinisch völlig unterversorgt sind. Wenn ich hin und wieder anmerkte: »Ich habe starke Kopfschmerzen!«, schaute mein Mann nicht einmal von seiner Zeitung hoch, sondern empfahl: »Dann nimm ein Aspirin!« Den Ton kenne ich. Will heißen: Du störst. Mit dem Kind war es nicht anders. Ihre Rückenschmerzen nahm er, wie alles, nicht ernst.

»Ich glaube, das Kind hat Fieber.«
»Das geht so schnell wieder, wie es gekommen ist.«
»Aber es muss doch eine Ursache haben. Ich mach mir da schon Sorgen.«
»Dann mach einen feuchten Umschlag.«
»Aber ich weiß doch gar nicht, wo und wofür ...«
Wie gesagt: Ärztliche Beratung wurde bei uns immer großgeschrieben. »Der Arzt im Haus erspart die Axt«, heißt es ja auch. Wenn es dagegen um »richtige Patienten« ging, wurden sie sorgfältigst untersucht und einfühlsam behandelt. In der Familie aber wurde so manches als Hysterie abgetan. So muss Alexandra in großen Nöten gewesen sein, als sie mir mit dreizehn Jahren, im März 1980, schrieb:

Heute hat die I. (eine Freundin von mir) angerufen und mir gesagt, dass sie heute nicht kommen kann, denn sie hat 39,5 Grad Fieber und eine Darmgrippe. (Mit spuken und allem drum und dran). Du weiß ja, daß ich vor so etwas höllisch Angst habe. Ich habe den Papi gefragt, ob es hoffentlich ausgeschlossen ist, daß ich so etwas auch kriege, wo es doch zur Zeit überall grassiert. Er hat ungeduldig gemeint, ich soll mit meinen Hysterien aufhören.

Hysterie war ein häufig gebrauchtes Wort in unserem Haus. Alexandra war es so geläufig, dass sie es auch auf sich selbst bezog. Sie kam mit elf Jahren ins »Wellensittich-Alter«, wie alle Kinder. Zwei Piepmätze wurden angeschafft, die sie natürlich auch selbst versorgen musste. Ich weiß bis heute nicht, ob sie ihr eines Tages ausgekommen sind oder auch mal spazieren fliegen durften, das heißt, ob sie den Vögeln kurzzeitig die Freiheit geben wollte. Jedenfalls war an Einfangen nicht mehr zu denken. Hinzu kam, dass ihr Vater vor dem Kauf gewarnt hatte. Diese Flattermänner, so seine Meinung, hätten alle möglichen Krankheiten und Milben, die wiederum Krankheiten übertrügen. Ich dagegen fand, dass Alexandra Verantwortung für die kleinen Lebewesen übernehmen sollte. Es sei alles eine Frage der Verhältnismäßigkeit, predigte ich. Und fest stünde, dass Wellensittiche äußerst selten solche exotischen Krankheiten bekämen. Wie so oft habe ich mich durchgesetzt, denn für mein Püppchen konnte ich – sagen wir: fruchtbar streiten. Alexandra war geneigt, mir zu glauben, Hauptsache, sie bekam ihre Vögel. Aber der Stachel saß: Wenn der Papi nun doch Recht hatte, schließlich war er Arzt, die Mami dagegen nicht. Hinzu kam das Dilemma, dass ihre Lieblinge nicht daran dachten, in den Käfig zurückzukehren, sondern im Gegenteil den Luxus der Freiheit in vollen Zügen genossen. Verzweifelt schrieb sie mir einen alarmroten Zettel:

Wer weiß, wo die Vögel überall hingekommen sind. Im Bad sind sie auch geflogen und ich weiß nicht ob sie auf meiner Zahnbürste saßen. Was soll ich jetzt tun. Entschuldigung, das ich hysterisch bin! Jeder macht Fehler. Bitte hilf mir.

»Das kommt davon, wenn man sein Kind überängstlich macht«, ärgerte ich mich über mich selbst und schwankte hin und her: Wollte ich sie nicht auch vor allem bewahren, was ihr wehtun könnte, physisch und psychisch? Resultat: Alexandra konnte nicht mehr unterscheiden zwischen Vorsicht und Ängstlichkeit.

»Es ist ein Friedensvertrag und Ihr braucht euch wirklich keine Sorgen zu machen.«

Alexandra hatte eine ganz besondere Art, sich wieder zu versöhnen. Wenn wir zum Beispiel Streit miteinander hatten, was natürlich immer wieder mal passierte, schrieb sie Briefe. Sie nannte es – je nach Alter – Vertragungsbild, Vertragungsvertrag oder Friedensvertrag. Das konnte zum Beispiel so aussehen:

Friedensvertrag

Lieber Papi, ich stelle es mir so vor:
Wir nehmen meine Puppen mit und spielen
damit ...
Außerdem spielen wir mit dem Miss Wolltkleid
[Sie meinte das Miss World-Kleid.]
Lesen ein bißchen und spielen im Garten.
Ich nehme meinen Kassetenrekorder mit und wir
 hören poppige Musik an.
Wenn die Mami es nicht erlaubt, hören wir
poppige Musik aus dem Radio.
Die Kinderstunde schauen wir natürlich auch an,
 denn da kommen Sachen zum totlachen.

Sachen zum totlachen ist eine »lustiege Kindersärie«, die so heißt ...
Es ist ein Friedensvertrag und Ihr braucht euch wirklich keine Sorgen zu machen.

Alexandra Freund.

Sie ging davon aus, dass ihr Papi in die Luft springen würde vor Glück bei der Aussicht, mit ihren Puppen spielen zu dürfen. Sie liebte ihre Puppen, also, dachte sie, müsste ihr Papi sie auch lieben. Auch die poppige Musik muss man als Köder verstehen, ihre Friedensvorschläge waren ja schließlich von ihr zusammengestellt worden. Sie ging selbstverständlich davon aus, dass sie dem Adressaten auch gefallen mussten.

Alexandra und ich hatten auch Zoff miteinander, zum Glück selten genug. Sie war kein Freund von verbalen Beschwerden, verschwand stattdessen beleidigt in ihrem Zimmer. Ich ließ sie gewöhnlich, denn ich wusste, was dann kam. Nach angemessener Zeit klappte die Tür, und sie drückte mir wortlos einen Brief in die Hand. Hier ist einer von vielen:

Liebe Mami

Du hast mich auch gekränkt. Du kommst mal als erstes rein und sagst: »Hier stinkts«!
Ich muß aber gerade lernen und Spaß macht es mir wirklich nicht.
Und wenn ich durch irgendwas gestört werde, dann muß ich alles noch mal von vorne lesen. Ich kann mich halt nicht so gut konzentrieren wie Du.

Liebe Mami

Du hast mich auch gekränkt. Du kommst mal als erotes rein und sagst: "Hier stinkts"!
Ich muß aber gerade lernen und Spaß macht es mir wirklich nicht.
Und wenn ich dadurch irgendwas gestört werde dann muß ich alles nochmal von vorne lesen. Ich kann mich halt nicht so gut konzentrieren wie Du.
Außerdem wenn ich mal beleidigt bin sagst Du immer "Schnuffelchen" gibts mir 10 Bussis und wenn ich drauf eingehe dann sagst Du ist alles o.k. und wenn nicht dann bist Du beleidigt.
Aber wenn ich kommen würde und sagen würde "Schnuffelchen" dann sagst Du "So schnell geht das mit dem versöhnen bei mir nicht!"
Und wenn ich mich dann momentan gar nicht vertragen will kriege ich Dir immer in den A.....
Und jetzt wenn ich mich mit dir versöhnen will dann sagst Du bestimmt: "Ach lass nur, du kriechst mir ja nur in den A.... . Dann bist Du wieder sauer nur weil ich gesagt habe was ich denke!
Vetragen wir uns wieder?
Alexandra

Außerdem wenn ich mal beleidigt bin, sagst Du immer »Schnuffelchen« gibts mir 10 Bussis
und wenn ich drauf eingehe, dann ist alles o.k. und wenn nicht, bist Du beleidigt.
Aber wenn ich kommen würde und sagen würde »Schnuffelchen« dann sagst Du »So schnell geht das mit dem Versöhnen bei mir nicht!«
Auch wenn ich mich dann momentan gar nicht vertragen will, krieche ich Dir immer in den A...
Und jetzt wenn ich mich mit Dir versöhnen will, dann sagst Du bestimmt: »Ach lass nur, Du kriechst mir ja nur in den A...« Dann bist Du wieder sauer nur weil ich gesagt habe was ich denke!
Vertragen wir uns wieder?
 Alexandra

Sie muss ziemlich sauer auf mich gewesen sein, denn nicht einmal zu »Deine Alexandra« oder »Dein Püppchen« hat sie sich durchringen können. Versöhnung aber musste sein, auch wenn es sie oft gewurmt haben muss. Es war undenkbar für sie, einzuschlafen, ohne dass die große Vertragungsarie stattgefunden hatte: »Man weiß ja nie, was über Nacht passiert!«

Ich muss auch zugeben, dass sie zum Gang nach Canossa immer eine Spur schneller bereit war als ich. Oder sagen wir mal so: Ich war friedliebend, sie aber war friedensfähig. Sie war vor allem fähig, ohne Vorbehalte zu lieben. Ich habe so manches Mal darüber nachgedacht, weshalb das Kind mich so über die Maßen geliebt hat. Das mag vor allem an den ersten Jahren gelegen haben, in denen ein Vater keine Selbstverständlichkeit für sie war. Das wird uns zusammengeschweißt haben.

»Mathematik ist das Fach, in dem ich am meisten säe und am wenigsten ernte.«

An Phantasie mangelte es Alexandra nie. Ich weiß noch, wie sie vor der Klasse eine zehnminütige Rede halten musste. Dazu wurde sie nur mit zwei so genannten Reizworten ausgestattet, wie zum Beispiel »Tomaten« und »Krankenschwester«. Sie meisterte auch diese Aufgabe bravourös. Später, als Phantasie geradezu verpönt war und stattdessen Textanalysen gefragt waren, tat sie sich zunächst schwer. Ganz schlimm war es in Mathematik. Das kannte ich doch von irgendwo her.

»Mathematik ist das Fach«, sagte sie mir als Zwölfjährige, »wo ich am meisten säe und am wenigsten ernte.« Bezeichnend war auch folgende Aussage: »Einmal, Mami, möchte ich eine Drei in Mathe schreiben. Ob ich das mal erlebe?«

»Aber Alexandra, übernimm dich nicht gleich. Wenn du eine Vier schreibst, feiern wir schon ein Fest.«

»Mami, wenn ich eine Vier habe, feiern wir ein Fest.

Wenn ich eine Fünf habe, sind wir zufrieden. Und wenn ich eine Sechs habe, sind wir's gewohnt.«

Wir haben, sagen wir es mal so, nicht oft »Mathematik-Feste« feiern können, dafür aber viele andere. In Deutsch. In Englisch. In Latein. Und überhaupt. Alexandra hatte ein Faible für Feste. Das musste nichts Großartiges sein, Hauptsache, man deklarierte es als ein Fest.

Wie oft haben wir – mein Mann und ich – an warmen Sommerabenden auf der Terrasse gesessen und als Publikum auf die große Tanzdarbietung gewartet. »Sollen wir euch was zeigen?«, fragten Alexandra und ihre Freundin dann ganz aufgeregt. Mit der Lizenz zum Tanzen machten sie sich über meinen Kleiderschrank her. Unglaublich phantasievoll kostümiert schlichen sie sich im Dunkeln zu uns und installierten ein Kofferradio und die notwendige Beleuchtung: »Spot an!« In diesem Fall war es eine schöne alte Schiffslaterne. Zu griechischer oder orientalischer Folklore-Musik tanzten die beiden grazilen Elfen wunderschön, selbstvergessen und ausdauernd. Wir konnten es manchmal gar nicht fassen, dass das reine Improvisation sein sollte. Da capo! Das animierte sie immer wieder. Besonders anrührend war es, wenn sie gekonnt Bauchtanz zelebrierten, obwohl von Bauch weit und breit nichts zu sehen war. Die Terrasse … sie hat so manches erlebt.

»Obwohl sie doch drei, vier Zentner gewogen hat und er drunterlag.«

Einiges erlebt haben wir auch auf unserer Reise nach Jugoslawien, die schon im Vorfeld abenteuerlich begann. Endlich hatten wir es geschafft, dass Uschi und Poldi samt Kindern und wir drei den Urlaub gemeinsam verbringen konnten. Die Rote Insel vor der Hafenstadt Rovinj in Istrien war unser Ziel.

An einem freundlichen Sommertag besprachen wir zu Hause noch einmal unsere Reise. Mein Mann schaute die ganze Zeit begehrlich auf Poldis Maschine, eine Kawasaki. Unbedingt ausprobieren wollte er sie. Wir meldeten Bedenken an. »Du bist lange nicht mehr ein solches Trumm gefahren. Nur dein leichtes Mofa«, warnten wir. Nichts half. »Zieh wenigstens was an und den Helm auf.« – »Für die paar hundert Meter, die ich fahre – sicher nicht!« Sprachs und schwang sich aufs Motorrad – in der Badehose. Wir hörten das Röhren kilometerweit. Nach vielleicht fünf Minuten donnerte er wieder den Weg zu uns herauf und hielt vor uns.

»Tolle Maschine«, konnte er gerade noch sagen. Dann kippte das Motorrad in Zeitlupe um und begrub ihn unter sich. Es roch augenblicklich nach verbranntem Fleisch. Wir stürzten uns zu dritt auf die schwere Maschine und hoben sie mühsam hoch. Alexandra jammerte: »Armer Papi, ist er jetzt tot?«

»Nichts passiert,« meinte unser Held, noch im Liegen.

Wir aber sahen das Elend. Oberhalb seines Knöchels war alles verbrannt, es erinnerte an ein gegrilltes Steak. Kein Jammern kam meinem Mann über die Lippen, obwohl es grausam wehgetan haben musste.

Können wir so überhaupt in Urlaub fahren? Das war die Frage, die vor allem die Kinder interessierte. »Überhaupt kein Problem«, versicherte Alexandras Vater unter Qualen, die Lippen zusammengepresst. »Im Gegenteil, das Meerwasser tut der Wunde gut«, fügte er tapfer hinzu. Tut der Wunde gut, war wirklich gut! Es waren mindestens sechs Einschnitte im Bein, einen halben Zentimeter tief.

Am Tag fünf nach dem Unfall fuhren wir los. Die Familie Poldi samt Kinderschwester, Alexandras »Brüderchen« und das Baby Pilar im großen Jeep, wir im roten Auto hinterher. Die Fahrt durch Istrien kam uns elend lang vor, auf der Karte hatte es so schön nah ausgeschaut. Die Insel schließlich war winzig klein, so winzig, dass ein Jogger sie in knapp zehn Minuten umrunden konnte. Und ein einziges Hotel vor Ort, unseres. Es hatte zwar einen Swimmingpool, aber der »arbeitete« nicht, wie es damals in den kommunistischen Ländern hieß. Er war völlig verdreckt. Wir waren ein bisschen enttäuscht. Das Meer lud wegen der vielen Seeigel und der vielen Menschen auch nicht gerade zum Baden ein.

Das Restaurant wenigstens war schön, in einem uralten bewachsenen Gemäuer. Wir verwöhnten uns mit herrlichem Rotwein, wenn die Kinder im Bett waren. Eines Abends überlegten wir gemeinsam, wie wir das einzige Stückchen Strand mit Sand für uns freiräumen könnten. Unsere beiden Männer lieferten dazu eine filmreife Szene. Alexandras Vater legte seinen Grillfuß auf einen Stuhl und seufzte tief: »Ich weiß nicht, Poldi, ob ich den Hai-Angriff überlebt hätte, wenn du nicht gewesen wärst.« Die Gäste rückten ihr Ohr näher und näher. Gespräche verstummten. Poldi machte auf Bescheidenheit. »Ist doch selbstverständlich, dass man einem Freund hilft. Aber das war schon ein Riesenvieh.« – »Man müsste die Gäste warnen«, gab mein Mann zu bedenken. Das aber war nicht nötig. Sie hatten genug gehört. Am nächsten Tag war der Mini-Strand verwaist und gehörte uns. Die Gäste tuschelten noch über den Leichtsinn, Kinder an einem haiverseuchten Strand spielen zu lassen. Dann aber ließen sie sich mit wohligem Grausen die fürchterliche Wunde meines Mannes zeigen.

Das Märchen flog erst auf, als Alexandra gefragt wurde. »Ich war ja auch dabei, als es passiert ist. Und der Papi ist soooo tapfer«, plapperte sie. »Obwohl sie doch drei, vier Zentner gewogen hat und er drunterlag.«

»Welche ›sie‹ denn? Und wo drunter?«, fragten die Gäste neugierig. »Die Krawallsaki doch. Und der Poldi hat sie dann hochgehoben, mit uns zusammen natürlich. Ich hab auch geholfen«, schwindelte sie, um vom Heldentum nicht ganz ausgeschlossen zu werden.

Wir flohen mit dem Tragflügelboot nach Venedig. Es war eine Sensation für die Kinder, zunächst jedenfalls. Man saß drin wie in einem Flugzeug, abgesehen davon, dass es im Flugzeug in nur ganz seltenen Fällen so fürchterlich wackelt. »Schau dir mal unser Kind an!«, machte Uschi mich auf Alexandra aufmerksam. Sie war ganz grün im Gesicht und jammerte: »Mami, mir ist so komisch.« Ihr Brüderchen Manuel sah auch nicht gerade

rosig aus. Prompt wurde beiden Müttern schlecht. Es gab nur zwei winzige Türen rechts und links im Tragflügelboot. Dort versuchten wir, frische Luft zu tanken.
Die Überfahrt von Istrien nach Venedig dauert gut zwei Stunden. Wenn man die Reise genießen kann, ist es eine phantastische Zeit, für uns dagegen war es eine quälende Ewigkeit. Unsere Männer, die sich offensichtlich überaus wohl fühlten, amüsierten sich über uns und tranken Whisky. »Ein kleiner Schluck wirkt Wunder. Trinkt doch mal«, forderten sie uns auf. »Und die Kinder? Sollen die auch das verdammte Zeug trinken?«, fragten wir. Wie Mütter nun mal sind, wollten wir lieber mit unseren Kindern leiden, als unser Elend im Alkohol ertränken.
Endlich winkte die Serenissima, und damit für uns die Erlösung. Land in Sicht! Venedig, wir kommen! »Macht euch schon mal Gedanken, wie wir zurückfahren, denn dieses Boot besteigen wir nie mehr«, drohten wir unseren Männern. Uschi, die Kinder und ich waren trotz unserer Schlappheit wild entschlossen, für unser Wohlergehen zu kämpfen. Unsere Männer schauten sich bedeutungsvoll an. »Ich lade euch erst mal ins Hotel Baur Grünwald ein«, meinte Alexandras ansonsten recht sparsamer Vater. »In den teuersten Schuppen von ganz Venedig?« Wir konnten nicht einmal staunen. »Nur sitzen, wo es nicht wackelt«, stöhnten wir.
An Essen war sowieso nicht zu denken, hoffte mein Mann. Die Kinder aber hatten sich erstaunlich schnell erholt. Ihr Magen knurrte. Sie hatten Lust auf Spaghetti mit Tomatensauce, das Lieblingsessen aller Kinder. Und wir? Uschi ergriff die Initiative. »Wenn wir nichts im

Magen haben, wird uns erst recht schlecht«, meinte sie. »Ein Cynar ist gut für den aufgewühlten Magen. Und für uns auch Spaghetti – aber mit Pesto.« Wir aßen mit Appetit. Die Kinder wünschten sich noch ein großes Eis, weil die Erwachsenen sie doch aufs Glatteis geführt hätten, von wegen »ruhiges Boot«.

Beim abschließenden Espresso besprachen wir die Rückfahrt. »Da gibt's nur eins: Taxi!« Dafür stimmten beide Kinder und die Mütter. Die Männer schauten erst sich an, dann uns: »Erstens kostet das um die 2.000 Mark. Zweitens seid ihr locker einen ganzen Tag unterwegs«, versuchten sie, uns ins Wanken zu bringen. Beides schreckte uns nicht ab. Nie wieder würden wir in dieses Boot steigen, da waren wir uns ganz sicher.

»Jetzt machen wir erst mal einen Bummel durch Venedig, und ich verspreche euch: Keine einzige Kirche werden wir besuchen. Auch kein Museum. Ganz Venedig ist ja Museum«, besänftigte mein Mann. Wo war hier der Pferdefuß? Wir Mütter überlegten angestrengt. Wir kannten Alexandras Vater zu gut, er musste was im Schilde führen. Dann empfahl er sich: »Ich muss etwas besorgen!«, murmelte er.

Der Rest der Familie schlenderte über den Markusplatz. Püppchen erstand eine beleuchtete Gondel, die Musik machte. Ihr »Brüderchen« ein Plastikschwert, das blau züngelnde Blitze von sich gab. Beide Spielzeuge waren Ausgeburten an Scheußlichkeit, aber Hauptsache, den Kindern gefiel es. Ihren Geschmack zu entwickeln, darum kümmern wir uns später, versicherten wir Mütter uns gegenseitig.

Uns ging es inzwischen eigentlich ganz gut, und irgendwann tauchte Alexandras Vater wieder auf. Wir hatten uns in einem Café am Markusplatz verabredet. »Hier habe ich ein starkes Nausea-Präparat gegen Seekrankheit«, meinte er. »Für die Kinder reicht eine halbe Tablette, für euch eine ganze. Ihr müsst sie jetzt nehmen, denn das Boot geht in knapp einer Stunde, dann erst hat sie ihre volle Wirksamkeit. Ihr werdet von der Überfahrt nichts merken.«

Knapp zwanzig Minuten später waren wir, außer unseren Männern natürlich, halb ohnmächtig, einfach weggetreten, wie im Drogenrausch. Die Kinder mussten getragen werden. Wir erreichten das Boot mit Müh und Not ... und sperrten uns nicht mehr gegen die Rückfahrt. Wir hatten einfach keine Kraft mehr und leisteten keinen Widerstand, auch nicht gegen das Schaukeln. Und das war gut so. Ich hatte plötzlich das Gefühl, gerade das Schaukeln macht Spaß. Es lullte uns richtiggehend ein. Wie auf rosa Wölkchen wurden wir sanft an die Küste Istriens getragen. Aussteigen und ins Bett wanken war eins.

Putzmunter wachten wir am nächsten Morgen auf. Alles schien nach elf Stunden Schlaf vergessen. Allerdings hatten wir noch stundenlang das Gefühl, auf schwankendem Boden zu stehen. Daher kommt wahrscheinlich meine Abneigung gegen jede Art von betäubenden Mitteln. Ich hasse es, fremdbestimmt zu werden, und sei es durch ein Medikament. Dabei gibt es gegen Seekrankheit zum Beispiel ein jahrhundertealtes, damals bei uns noch nicht so bekanntes Mittel: Ingwer. Die Chinesen hatten es stets an Bord, wenn sie die Weltmeere befuhren. Und bei den vielen Kreuzfahrten, die ich später un-

ternommen habe, hätte ich ohne Ingwer gar nicht arbeiten können. Dazu aber später.
Irgendwann musste die Doppelfamilie ihren Urlaub beenden. »Wir müssen«, klagten die Kinder, während die Erwachsenen »wir dürfen« sagten. Wir kehrten in unser geliebtes Bayern zurück und freuten uns auf unser Zuhause, die Kinder freuten sich höchstens auf ihre Freunde. Wir verstanden sie, denn die ungebundene, schöne freie Zeit war zu Ende. Die Schule mit all ihren Pflichten und Verpflichtungen hatte sie wieder fest im Griff.

»Es gibt noch Leute, die ein Herz für Kinder haben!«

Herbst wurde es. Die bayerischen Kinder haben wirklich Glück: Kaum sind die großen Ferien zu Ende, winkt das Oktoberfest, und mit ihm vierzehn Tage lang Gaudi. Das will voll ausgenutzt sein.
Die Wiesn ist am schönsten über Mittag bis in den Nachmittag hinein. Ich holte Alexandra immer an der Schule ab und fuhr mit ihr nach München. Zuerst mussten wir uns stärken: ein halbes Hendl, dann die obligatorische Dampfnudel mit »Familiensoße« (Vanillesoße), wie sie es lange Zeit nannte. Danach winkte der Schießstand. Die Gaudi wurde mit einem Besuch im Flohzirkus und im Mäusehaus abgerundet.
Im Flohzirkus musste sie alles wissen:

»Wie lange lebt ein Floh?
Sind das Menschen- oder Hundeflöhe?
Wie lange dauert es, bis sie ein Kunststück gelernt haben?
Kann ein Floh nur ein Kunststück?
Bist du ein Dompteur?
Was kriegen die zu fressen?
Tut das weh, wenn sie bei dir Blut saugen?
Müssen die oft gestillt werden, so wie ein Baby?
Wo kriegst du die Flöhe her?«, löcherte sie den Dompteur.
Eine Frage lag Alexandra besonders am Herzen: »Belohnst du die Flöhe mit Schmusen und Streicheln?«
Im nächsten Jahr hatte sie das meiste wieder vergessen, und die Ausfragerei ging von vorne los. Erklärungsnöte hatte ich bei den Mäusen:
»Wie viele sind das, Mami?«
»Ich schätze, an die dreihundert.«
»Das musst du doch genau wissen, Mami. Im Fernsehen weißt du doch auch alles.«
»Im Fernsehen habe ich vorher nachgeschaut, Alexandra.«
»Wir dürfen in der Schule nicht nachschauen. Da müssen wir alles von selber wissen, Mami.«
»Dafür sind ja die Hausaufgaben da. Ihr habt doch den Stoff vorher durchgenommen.«
»Mami, die Wiesn ist so schön. Verdirb mir das nicht mit an die Schule denken.«
»Weißt du, Püppchen, es wird auch schon fünf. Wir gehen langsam. Jetzt fangen die Leute nämlich an, besoffen zu werden.«
Vor Betrunkenen hatten wir beide Angst. Um diese Zeit

gab es leider auch schon immer die ersten Bierleichen, und ich konnte ihr den Anblick nicht ganz ersparen.

Einmal, Alexandra muss ungefähr sechs Jahre alt gewesen sein, kam ich mit meinem Auto oberhalb der Wiesn am alten Münchner Messegelände in einen Stau. »Schau mal, Mami, was machen die da?«, fragte meine Tochter neugierig. Ich sah, was ich nicht sehen wollte: Paare en masse in eindeutiger Situation, um diese Uhrzeit schon völlig von der Rolle. Was macht eine Mutter in ihrer Verlegenheit?
»Die streiten sich, Mäuschen«, versuchte ich auszuweichen.
»Aber schon gleich so, Mami. Kommt das vom Bier, dass die so böse sind?«
»Von zu viel Bier. Das macht streitsüchtig. Und deshalb fahren wir so früh nach Hause«, versuchte ich mich aus der prekären Situation zu retten. Währenddessen hockte ich hilflos am Steuer; es ging und ging nicht weiter. Auf der anderen Seite der Straße war weit und breit nichts Interessantes zu sehen, das mein Kind hätte ablenken können, und so konnte ich nicht verhindern, dass Alexandra noch eine ganze Weile mit anschauen musste, wie heftig »sich Leute streiten können«.
Irgendwann war die Qual vorbei, und wir hatten freie Fahrt. Nun war nichts Aufregendes mehr zu sehen. Halt doch. Ein Haus mit rot beleuchteten Fenstern, auf jeder Scheibe ein rotes Herz. »Siehst du, Mami, es gibt noch Leute, die ein Herz für Kinder haben!«, stellte meine Tochter zufrieden fest. Die Weisheit vom Tage aus Kindermund. Entwaffnend. Bepackt mit Zuckerwatte und

einem Herzl fürs Herzl, kamen wir leicht müde zu Hause an.

Alexandra hat die Wiesn geliebt, auch noch als erwachsene Frau. Auf ihrem letzten Oktoberfestbesuch im Jahr 2000 standen beim Fotoschießen ein paar junge Burschen hinter uns. »Sollen wir dir mal zeigen, wie man das Gewehr hält?«, wurde Alexandra angebaggert. Statt einer Antwort lächelte sie und legte an. Kein Schuss traf daneben. »Zufall! Reiner Zufall«, meinten die pikierten Hirsche hinter ihr. »Des Madl kanns hoit, da müssts euch schon ranhalten«, ermunterte sie der Standlbesitzer, er witterte ein Geschäft. Die Burschen ballerten los. Nicht schlecht, aber keiner von ihnen war so treffsicher wie Alexandra. Triumphierend hielt sie mir das Siegerfoto vor die Nase, darauf die Schützin, natürlich voll konzentriert. Ich daneben, versunken in Bewunderung. Hinter ihr die Burschen mit echt verblüfften Gesichtern. »In solchen Fällen gibt's nur eins: Üben! Üben!«, empfahl Alexandra ihnen im Weggehen.
Ich konnte nur staunen, hatte ich doch für meine TV-Sendung vom Oktoberfest auch mal schießen sollen, was den Standlbesitzer fast das Leben gekostet hätte. »Die Wand zum Schießen ist hier!«, meinte er, nachdem er sich wieder gefasst hatte, und deutete hinter sich. Ich beschloss, mich in Zukunft anderen Künsten zuzuwenden.

»Wenn ich den Hund nicht an der Leine gehabt hätte, wäre er glatt zum Angriff übergegangen.«

Als Alexandra noch klein war und früher ins Bett musste, hatte ich stets ein Auge auf die Terrassentür, die ins Haus führte. Ich lebte mit der Angst, dass sich jemand unbemerkt ins Haus schleichen und dem Kind etwas antun könnte. Später schliefen oft Freundinnen bei ihr, was meine Besorgnis nicht gemindert hat, denn dann fühlte ich mich doppelt verantwortlich.
Meine Sorge kam nicht von ungefähr. Jahrelang hat uns zum Beispiel ein schizophrener junger Mann beschäftigt, dessen Krankheitsschübe man an der Kontaktfreudigkeit zu uns direkt ablesen konnte. Er war dann dreist genug, auf unser Grundstück zu kommen. Einmal stand ich im Sommer auf der Treppe im Haus und sah im letzten Moment aus den Augenwinkeln einen Mann am Schwimmbad sitzen. Er tunkte einen Finger hinein. »Puh, ist das kalt!«
Offensichtlich fühlte er sich wie zu Hause. Mein Mann wollte ihn schnell wieder loswerden. »Das ist Hausfriedensbruch! Ich bitte Sie, unser Grundstück sofort wieder zu verlassen«, forderte er ihn ungehalten auf. »Ich will nur Ihre Tochter treffen und in die Liebe einführen. Als angehender Arzt bin ich der Richtige dafür.« Er lächelte. Alexandras Vater ließ sich auf eine Diskussion gar nicht erst ein. Er rief die Polizei. Daraufhin verschwand der unheimliche und ungebetene Gast.

Bei einem erneuten Krankheitsschub erschien er in Alexandras Schule. Er fiel, was mich wunderte, den Lehrern gar nicht auf und sprach versehentlich eine Freundin von Alexandra an, die ebenfalls blond war und die gleichen langen blonden Haare hatte. Sie war von uns informiert worden und ließ ihn gekonnt abblitzen: »Alexandra ist heute gar nicht gekommen«, log sie. »Sie ist wohl krank.« Damit wollte er sich aber nicht zufrieden geben. Er läutete bei uns. Diesmal hatte er Pech, denn das Tor war zu.

Püppchens Vater fand irgendwann endlich seine Adresse heraus. Er telefonierte mit einer verzweifelten Mutter, die selbst Angst vor ihrem Sohn hatte. Auch die Polizei konnte nichts machen. »Solange nichts passiert ist«, wurde uns im Laufe der Jahre immer wieder gesagt, »können wir nichts unternehmen.«

Wir aber wollten nicht lange abwarten und tatenlos zusehen. Wir fanden, dass ein Hund ins Haus musste. Mit Alexandra und ihrer Freundin fuhren wir zu einer Schäferhundezucht am Ammersee, wo uns eine wunderschöne Hündin freudig begrüßte. Sie hatte grüne Augen, eine wahre Seltenheit, und die beiden Mädchen hatten sich sofort in sie verliebt. »Die können Sie aber nicht haben«, wehrte der Hundebesitzer gleich ab. »Sie ist meine Zuchthündin. Aus ihrem letzten Wurf können Sie wählen. Die Welpen sind zwei Monate alt.«

Uns gefiel, wie frei sich alle seine Hunde bewegen konnten. Die beiden Mädchen hatten nun die Qual der Wahl. Jeder der kleinen Hunde war ja »so süß«. Nach stundenlangem Beobachten entschieden sie sich für einen etwas dunkler geratenen männlichen Welpen. Auf der Heimfahrt schmiegte er sich in Alexandras Schoß. Die Trennung machte ihm offensichtlich sehr zu schaffen, was bei seiner hinreißenden Mutter kein Wunder war.

Die Mutterrolle wollte nun Alexandra übernehmen. »Meinst du, du schaffst das trotz Schule?«, wollte ich wissen. Sie schaffte es, und wie! Die Nachtwachen habe allerdings ich übernommen. Drei bis vier Mal in der Nacht musste der Kleine anfangs raus. In den ersten Nächten hatte er Heimweh und jammerte, dass es mir das Herz zerriss. Wir telefonierten mit dem Züchter, um ihn um Rat zu fragen. »Halten Sie durch, noch ein paar Nächte, und er weiß gar nicht mehr, wo er herkommt«, empfahl er uns.

Der Mann sprach aus Erfahrung, denn es regelte sich, wie er vorhergesagt hatte. Was sich nicht regelte, war das Schlappohr, das der Hund zeit seines Lebens behielt. Alexandras Vater versuchte es mal mit Stärke, dann besorgte er vom Züchter auch eine Prothese für das Ohr – dieser musste das Problem folglich kennen –, aber nichts half. Für Alexandra war es kein Makel, wie sie immer wieder versicherte. Sie behauptete stattdessen, dass es sich um einen verwunschenen Prinzen im Hundepelz handele.

Sie erzog ihren Hund perfekt. Er hatte einen noblen Charakter und war außergewöhnlich gutmütig, und wenn sie mit ihm spazieren ging, hatten wir weniger Angst. Einmal trat ihr in der Dämmerung mitten auf unserer Straße ein Mann entgegen. »Ihr hättet den Hund nicht wieder erkannt, sein Fell war aufgestellt, er hat die Zähne gefletscht und geknurrt. Wenn ich ihn nicht an der Leine gehabt hätte, wäre er glatt zum Angriff übergegangen«, erzählte unsere Tochter. Wir fanden, dass das sehr beruhigend klang.

Der Hund beschützte sie auch später. Wenn sie tagsüber ihre Hausaufgaben in einem eigens für sie eingerichteten Blockhaus im Garten machte, wich der Hund nicht von ihrer Seite. Er lag auf der Schwelle und hatte alles im Blick. Sein Instinkt muss ihm gesagt haben, sie ist schützenswert.

Solange Alexandra auf der Welt war, hatte auch ich immer das Gefühl, ich müsste sie ganz besonders beschützen. Mir war manchmal gar nicht wohl, wenn ich sie zurücklassen musste, weil sie in der Schule war und ich auf irgendwelchen Messen herumschwirrte oder für TV-Produktionen unterwegs war. Und das kam sehr oft vor. Wenn Püppchen es vor Heimweh nicht mehr aushalten konnte, schickte sie mir Briefe, die mich trösten sollten; so zum Beispiel in ein Hotel nach Hannover, wo ich auf der Computermesse Cebit war. In einem Jahr kamen Briefe acht Mal hintereinander, acht Tage lang.

An Frau Schnuffelchen Schürmann
Hotel SOWIESO

Liebe Mami wegen der Karte der falsche
Umschlag.
Ich schicke Dir die Karte, damit du wenigstens ein
Stückchen Bayern bei dir hast.
Dein Püppchen
In echt Alexandra.

[Die Karte: Herbst in der Ramsau bei Berchtesgaden/Oberbayern]

Ab zwölf Jahren war sie für mich nicht mehr das »Püppchen«, sondern nur noch Alexandra. Ich fand es immer albern, wenn ausgewachsene und womöglich noch kompakte Frauen sich nach wie vor »Püppchen« oder »Püppi« nennen lassen. Ich war nur deshalb auf Püppchen gekommen, weil sie als Kleinkind eben wie ein Püppchen ausgesehen hatte: klein, zierlich und immer mit Kopftuch wegen der häufigen »Öhrchen-Empfindung«, wie sie es ausdrückte.

In der Schule wurden massive Versuche unternommen, sie Alex zu nennen. »Was soll ich denn machen, Mami, die wollen es so haben.« – »Gar nicht reagieren, du bist einfach nicht gemeint«, riet ich ihr, »reine Nervenprobe.« Sie hielt es durch und siegte.

»Ab, ab in die Tiefe, das es triefe!, und vergammle mit der Zeit.«

Eine Nervenprobe war eine Zeit lang auch die Anzieharie in der Früh zwischen ihr und mir. »Mami, was soll ich heute anziehen?« Das war die Standardfrage morgens um sechs, wenn ich mich noch im seelischen Rohzustand befand, während Alexandra schon putzmunter war. Sie plapperte los, erzählte mir sämtliche Ereignisse ihres kleinen Lebens. Ihr Vater war nur von weitem zugelassen, denn es war ein heiliges Stündchen, nur für uns zwei. Wenn da nicht die leidige Kleiderfrage gewesen wäre.

»Das ist doof, das passt gar nicht zusammen. Und überhaupt, die lachen in der Schule über mich«, stellte sie fest.
»Worüber lachen sie denn?«
»Dass ich Sachen tragen muss, die gar nicht in Mode sind.«
»Und was ist Mode?«
»In Mode sind riesige Pullis und Jeans und Arafat-Tücher und Clarks ...«
Jeden Morgen wohlgemerkt diese nervige Diskussion. Eines Tages reichte es mir. »Von heute an kannst du ganz allein entscheiden, was du anziehen magst. Von mir gibt es nicht einmal mehr einen Kommentar dazu.«
Sie weinte. Wenn man einmal erlebt hat, wie sie weinte, würde man es nicht für übertrieben halten, wenn ich sage: Es war keine Spur von Trotz dabei, eher der Menschheit ganzer Jammer. Sie wurde spontan zu einem Häuflein Elend, klein und von der ganzen Welt allein gelassen. Und es war keine Masche, denn Maschen waren ihr fremd. Alexandra spielte überhaupt nie »eine Rolle«, sie war immer sie selber.
Auch ich war an diesem Morgen beim Anblick meines weinenden Mäuschens den Tränen nahe. Aber ich blieb fest. So hat sie – nach vielen geschmacklichen Ausrutschern am Anfang – im Laufe der Zeit ihren persönlichen Stil entwickelt. Und der war gut.

Die Modefrage war nicht ihr einziges Problem in der Schule. Sie war zu sensibel und sozial eingestellt, um sich durchzusetzen. Mal musste sie hören, dass sie in einem »Bonzenhaus« und einem »Bonzengarten« lebe und ihre Eltern die totalen Angeber seien. Mal gaben die Klassenkameraden damit an, dass sie in den großen Ferien nach Neuseeland, auf die Malediven oder nach Brasilien reisten, Hauptsache weit weg. Ich habe mich so aufgeregt, dass ich meine samstägliche Kolumne im Münchner Merkur »Die hunderttausend Kilometer-Ferien« titelte.

Ich machte auch einige Stichproben in der Klasse. Dabei stellte sich zum Beispiel heraus, dass die »Neuseeländerin« ihren Urlaub bei Oma im Saarland verbrachte. Auch schön! Und die »Brasilianerin« kraxelte mit ihren Eltern in den Südtiroler Bergen umeinander. So konnte ich Alexandra überzeugen, dass viel heiße Luft in den Ferienprojekten ihrer Klassenkameraden war.

Wir kamen auf den Neid zu sprechen. Konkrete Beispiele überzeugen ja am besten. »Weißt du, Püppchen, du bist neidisch auf die schönen dunklen Haare deiner Freundin. Würdest du auch ihre Nase wollen und so dick sein wie sie?«, fragte ich. »Ne, Mami«, antwortete sie aufrichtig.

»Der Papi«, beklagte sie sich ein anderes Mal, »fährt so einen uralten Klapper-Volvo. Auch noch in Orange. Wenn er mich zur Schule fährt, lachen die anderen. Die S. aber fahren einen großen, neuen Mercedes. Der ist so schön.«

»Und, möchtest du auch gerne ihre Eltern und deren dunkle Wohnung im Gelsenkirchener Barock?«

»Nein, Mami, die Wohnung will ich auf keinen Fall. Da stinkt's nämlich nach Essen und nach Windeln, Gebrauchten, weißt du. Ich war ja schon mal da. Und die Eltern will ich auch nicht. Ich will nur so ein schönes Auto.«

»Eins herauspicken geht nicht, Mäuschen. Wenn, dann

müsste man schon ganz tauschen. Kein Grund also, neidisch zu sein.«

Ich weiß heute nicht mehr, weshalb ich sie mit solchen Argumenten überzeugen konnte, aber sie war eben von überwältigend gutmütiger Natur, ich musste oft nur einen kleinen Anstoß geben. Und wenn ich – was ganz selten passierte – nicht weiterkam, brauchte ich nur an ihr mitleidiges Wesen zu appellieren, das zog immer. Ich gebe zu, ich habe es manchmal schamlos ausgenutzt. Rückblickend aber kann ich mich nur wiederholen: Alexandra musste nicht erzogen werden.

Ihr Vater sah das anders. So manches Mal habe ich erlebt, dass er sie provozierte und provozierte, bis sie sich irgendwann wehrte und verbal zurückschlug. Dann spielte er den Beleidigten, oder er war tatsächlich gekränkt und kehrte seine Autorität als Vater heraus. »Du irritierst sie«, habe ich ihm manchmal vorgeworfen. »Zuerst behandelst du sie als gleichwertigen Partner und forderst sie heraus. Aber mittendrin schlägt die Stimmung um und sie soll wieder unterwürfiges Kind spielen nach dem erzieherisch völlig überholten Motto: Solange du die Füße unter meinen Tisch streckst ...«.

Mein Kind aber hatte die Situation gewöhnlich längst geregelt. Als Zwölfjährige – sie reimte für ihr Leben gern – schrieb sie ihm wieder einmal ein »Friedensvertrag-Gedicht«:

Lieber Pappi.
In den Aniquitätenladen
ging ich heut,

Lieber Pappi

In den Antiquitätenladen
　　　ging ich heut,
um Papi zu machen ne' Freud
Es war auch das schlechte Gewissen,
　　das mich hat gebissen.
　　　　　　Die Bücher die alten
standen in einer Reih'
1 gefiel mir, dann warens zwei
Ich überlegte hin und her, ach war
　　　　die Entscheidung schwer
Ich hoff' ich hab' das richtige gefunden
　　　　das meine Augen
so gebunden! Ich liebe Dich so
sehr drum nim es nicht so schwer
Tender's Das schäbig Herz wirf zum
　　　　　　Abfall in die Tiefe,
　　das es triefe! und vergammle mit
der Zeit.　　Das Wasser soll's zerfressen, und du meine Träumerei vergessen

um Papi zu machen 'ne Freud.
Es war auch das schlechte Gewissen,
das mich hat gebissen.
Die Bücher die alten
standen in einer Reih'
1 gefiel mir, dann warens zwei
Ich überlegte hin und her, ach war
die Entscheidung schwer
Ich hoff' ich hab' das richtige gefunden
das meine Augen
so gebunden! Ich liebe Dich so
sehr drum nim es nicht so schwer.
Das schäbig Herz wirf zum
Fenster hinab.
Ab, ab in die Tiefe,
das es triefe!, und vergammle mit der Zeit.
Das Wasser soll's zerfressen!
Und Du meine Gemeinheit vergessen.

Papi war versöhnt. Was sonst.
Manchmal hätte ich ihm, was Alexandra betraf, aber schon an die Gurgel gehen können. Wenn ich dann wieder zur Ruhe gekommen war, habe ich mir gedacht, dass ein Kind nicht immer von allen Unbilden verschont werden darf. Wahrscheinlich braucht es Schocks in minimaler Dosis, um zu lernen, wie man sich durchsetzt. So gesehen war Alexandras Vater der richtige und wichtige Gegenpol zu mir.
Als sie etwas älter wurde, erfand er neue »sinnvolle Spiele« für sie. Und die kreisten ausschließlich ums Wissen. »Frag mich was!« gehörte dazu. Auf langweiligen

Autofahrten wurde es von uns allen gern gespielt, vor allem Püppchen war immer voll bei der Sache. Für eine einfache, richtig beantwortete Frage bekam sie einen Punkt, für eine schwerere zwei Punkte, für eine komplizierte drei. Wenn sie zehn Punkte erreicht hatte, durfte sie sich im Wert von zehn Mark etwas wünschen.
Was ist das für ein Baum, Nadel- oder Laubbaum?
Wie heißt dieser Baum?
Warum sind die Blätter im Sommer grün?
Was macht sie im Herbst gelb und rot?
Wie entsteht der Blitz?
Warum kracht der Donner?
Wann kommt es zum Gewitter?
Die Fragen steigerten sich langsam in ihrer Komplexität. Alexandra konnte sie fast immer beantworten. Sie war so gut, dass ihr Vater meinte, sie mache uns noch arm, was ihren Ehrgeiz noch mehr anstachelte.
Mit physikalischen Erklärungen, das wusste sie, tat ich mich schwer, um nicht zu sagen: Ich war immer ein naturwissenschaftlicher Idiot. An mich hielt sie sich lieber, was Sprachen betraf. Wie oft habe ich, vom Flughafen kommend, noch eben den Koffer absetzen können, um mich dann ihren Hausaufgaben zu stellen. Oft musste ich alles nur kontrollieren; vor allem mit Sprachen tat sie sich leicht. Nicht immer allerdings ging es gut. Voller Schuldgefühle schrieb sie mir einmal auf einen Zettel:

Liebe Mami,
ich wollte gestern zwar noch die unregelmäßigen Verben lernen, habe aber dann die zwei Kapitel zuende gelernt, das Schriftliche mit Dir gemacht und

Englisch zuende gemacht. Darüber habe ich die anderen Verben vergessen. Frau D. (die Lateinlehrerin) hat mich ausgefragt und ich habe eine 5 bekommen. Ist aber nicht so schlimm, denn beim letzten mal hatte ich eine 1.
5 + 1 = 6 : 2 = 3
Ich lern wieder. Versprech ich dir.

Wenn sie in die Enge getrieben wurde, konnte sie eben überaus pfiffig reagieren. Das beruhigte mich immer wieder, denn lebensuntüchtig war sie wirklich nicht.
Auch ihre Selbstständigkeit habe ich, haben wir, ständig trainiert, so zum Beispiel, als ich eine ARD-Gala in Würzburg moderieren sollte. Alexandra war elf. Nach einem harten Probentag wollten wir beide am Abend im berühmten Weinlokal »Stachel« die köstliche fränkische Küche genießen und ich einen Schoppen trinken. Es war ein lauer Sommerabend, und wir gingen die kurze Strecke vom Hotel zu Fuß. »Püppchen, es kann passieren«, sagte ich, »dass ich nachher zu müde bin, um zurückzufinden. Oder ich habe einen Schwips. Traust du dir zu, den Weg zum Hotel zu finden?«
»O Mami, die ganzen Straßennamen kann ich mir nicht merken, und ich habe ja nichts zum Aufschreiben dabei.«
»Namen kann ich mir auch nicht merken. Mach's einfach wie ich, Alexandra. Ich merke mir Wege von Punkt zu Punkt. An dieser Ecke steht der Baum mit der Bank zum Beispiel. Da drüben ist ein Handarbeitsgeschäft. Und hier das hässlich gestrichene Haus, und so weiter ...«
»Das kann ich, Mami!«
Der Hinweg zog sich natürlich ein bisschen. Immer wie-

der drehte sie sich um und blickte in die Gegenrichtung. Was jetzt links war, war ja auf dem Rückweg rechts und umgekehrt. Ich war wirklich neugierig, ob sie es schaffen würde.

Wir beide aßen und tranken und nahmen uns viel Zeit. Alexandra wirkte etwas nervös. Ich wollte sie nicht länger auf die Folter spannen.

»Weißt du, Mäuschen, ich bin jetzt todmüde und habe morgen einen anstrengenden Tag. Du musst auch ins Bett. Gehen wir.«

»Wenn du gezahlt hast, Mami!«

»Siehst du, ich hätte es beinahe vergessen. Gut, dass du für mich mitdenkst. Vielleicht habe ich ja wirklich einen kleinen Schwips.«

»Macht nichts, Mami, ich führ dich schon.«

Das tat sie dann tatsächlich. Manchmal zögerte sie unterwegs und drehte sich auch ab und zu um sich selbst, denn alle Häuser, alle Fixpunkte, die sie sich gemerkt hatte, standen für sie jetzt andersherum. An einem Installationsgeschäft wäre sie beinahe ins Schleudern gekommen, letztlich aber erreichten wir sicher das Hotel.

»Wie hab ich das gemacht, Mami, sag?«, fragte sie, denn sie wollte für ihre Leistung ausgiebig gelobt werden.

»Super, Mäuschen, ich selber hätte den Weg nie mehr gefunden«, lobte ich. »Ich hätte mir schon ein Taxi nehmen müssen.«

»Das wäre aber teuer geworden, Mami, bei den vielen Einbahnstraßen und Fußgängerzonen hätte er ja ganz außen rumfahren müssen. Da hab ich dir doch viel Geld gespart, Mami, sag?«, wollte sie wissen. »Ganz viel, mindestens zwanzig Mark«, gab ich ihr Recht.

Wer nun denkt, mein Kind hätte das »Ersparte« für sich reklamiert, täuscht sich. Ihr genügten das monatliche Taschengeld und die Prämien fürs »Frag-mich-was-Spiel«. Dabei kassierte sie allerdings ganz schön ab, eben weil sie gut war.

Wenn es aber einmal nicht gut ging, wenn Alexandra irgendetwas passierte, lechzte sie nach Wiedergutmachung.

So hatte sie eines Tages das Missgeschick, die Röhren von der Sonnenbank zu demolieren. Ihr Schuldgefühl brachte sie dazu, sich ein gewaltiges Programm auszudenken, um mich zu versöhnen. Nach getaner Arbeit setzte sie sich hin und schrieb mir diesen Brief:

Liebe Mami
Kennst Du ein Kind dem nicht mal etwas rausrutsch, passiert, das etwas anstellt? Manchmal auch etwas kostenspieliges, wenn es mit dem Ball oder so etwas eine Scheibe einschmeißt, oder daß von Nachbarn Bewerden kommen. Aber ich glaube so viel Kummer mach ich Dir doch auch nicht, oder stell ich Dir zuviel an?
Ich habe vorgestern ziemlich viel geschuftet. Was meinst Du was das gekostet hätte einen Gärtner zu bestellen, der die Brombeerranken aus der Hecke schneidet und wegräumt? Der die Blätter alle wegrecht und wegbringt? Der auch die Blätter und Gras von der Straße wegnimmt. Von einer Tankstelle jemand, der Dir die Scheiben Deines Autos von innen und außen putzt, der Deine Scheinwerfer reinigt und Dein Auto aufräumt, aussortiert,

Liebe Mami

Kennst Du ein Kind dem nicht mal etwas rausrutscht, passiert, das etwas anstellt? Manchmal auch etwas kostenspieliges, wenn es mit dem Ball oder so etwas, eine Scheibe einschmeißt, oder daß von Nachbarn Beschwerden kommen. Aber ich glaube so viel Kummer mach ich Dir doch auch nicht. Oder stell ich Dir zuviel an?
Ich habe vorgestern ziemlich viel geschuftet. Was meinst Du was das gekostet hätte einen Gärtner zu bestellen, der die Brombeerranken aus der Hecke schneidet und wegräumt? Der die Blätter alle wegrecht und wegbringt? Der auch die Blätter und Gras von der Straße wegräumt. Von einer Tankstelle jemand, der Dir die Scheiben Deines Autos von innen und außen putzt, der Deine Scheinwerfer reinigt und Dein Auto aufräumt, aussortiert, putzt und aussaugt. Damit hast Du doch auch eine ganze Stange Geld gespart. Villeicht kann ich damit die Sache mit der Sonnenbank und ihren Röhren wiedergutmachen!?

Dein
Zippchen

P.S. Ich habe ein sehr schlechtes Gewissen!

putzt und aussagt. Damit hast Du doch auch eine ganze Stange Geld gespart. Villeicht kann ich damit die Sache mit der Sonnenbank und ihren Röhren wiedergutmachen!?

Dein Püppchen

P.S.: Ich habe ein sehr schlechtes Gewissen!

Das moralische Gesetz, das hier in Alexandra regelrecht wütet, ist ihr nicht von ihren Eltern anerzogen worden. Es war Teil ihrer Natur und hat uns den Umgang mit ihr leicht gemacht, ihr dagegen nicht unbedingt das Leben.

»Wie in 1001 Nacht!«

Unsere Reise nach Tunis war ganz nach Alexandras Geschmack. Sie war dreizehn Jahre alt und durfte zu beider Entzücken ihre Freundin mitnehmen. Unser Hotel lag in der Nähe von Karthago, was wiederum meinem Mann und mir sehr entgegenkam. Kunst und Kultur satt erwarteten uns.
Flughafen Tunis. Betäubender Jasminduft empfing uns. Die Luft war geschwängert von orientalischen Gewürzen. Das wiederum schmeckte uns allen.
Wir brauchten ein Taxi. Was heißt eins? Außer dem Fahrer durften hier nur noch drei weitere Menschen in

einem Wagen fahren, also musste ein zweiter Wagen her. Aber wie sollten wir uns verteilen? »Ganz klar«, meinte Alexandras Vater, »die Kinder fahren extra.« »Das kommt überhaupt nicht in Frage«, protestierte ich. »Wenn so ein Araber abhaut mit den zwei blonden Mädchen. Wir sind schließlich in einem fremden Land. Du kennst die Leute hier doch überhaupt nicht.« Ehe es zu einem Vortrag von mir ausartete, schaltete sich der Taxifahrer ein. Er verstand ein bisschen Deutsch. Peinlich! Ich ließ noch einmal Revue passieren, was ich über garantiert harmlose Araber gesagt hatte. In diesem Moment wünschte ich mir ein Mauseloch.

Der nette Taxifahrer hatte inzwischen vorgeschlagen, dass jeweils ein Erwachsener mit einem Kind in ein Auto steigen sollte. Püppchen wollte unbedingt mit Mami fahren. Als wir samt unserem Gepäck auf die beiden Wagen verteilt waren, fuhren wir los.

Nach kurzweiligen dreiundzwanzig Kilometerchen in brütender Hitze kamen wir geschafft im Hotel an. Die Kinder hatten Hunger. »Erst wird ausgepackt«, bestimmte ich. »Dann dürfen wir so lange das Hotel erkunden?«, bettelten die beiden Damen. »Auf keinen Fall allein!«, wollte ich gerade einwenden. Zum Glück fiel mir rechtzeitig meine Blamage von vorher ein. Ich gab nach: »Also gut. Aber ihr verlasst auf keinen Fall die Hotelanlage.« Wohl war mir keineswegs dabei. Ich wusste ja überhaupt nicht, wie ausgedehnt das Gelände war. Später stellte sich heraus, dass es einen fließenden Übergang zum öffentlichen Strand gab, ein nicht gerade beruhigender Gedanke für mich.

Richtig nervös wurde ich, als wir die beiden Mädchen

später suchen mussten. »Siehst du sie denn nicht?«, fragte ich meinen Mann blinzelnd, denn ich bin ein kleines bisschen kurzsichtig. Er dagegen ist ein kleines bisschen weitsichtig, im Grunde zwar eine ideale Ergänzung, aber auch er konnte Alexandra und ihre Freundin nicht entdecken.
»Sind sie das nicht da drüben? Mit diesem dunklen Araberjungen?«, fragte er schließlich. Sie waren es. Alexandras Vater war empört. Ärgerlich stapfte er durch den Sand. »Haben wir euch nicht verboten …!«, wollte er schimpfen. Da drehte sich der schwarzhaarige Junge um, und mein Mann schaute in die rätselhaftesten grünen Augen, die er je gesehen hatte. Ausgesprochen höflich und in tadellosem Englisch stellte sich das vielleicht siebzehnjährige Lockenköpfchen vor. Wir alle waren hin und weg. Die Mädchen sowieso.
»Hakim will uns sein Elternhaus zeigen, Mami! Da geht's noch zu wie vor vielen hundert Jahren. Ein Kamel holt das Wasser aus dem Brunnen, und, und … Dürfen wir da mal hin?« Was die sich alles schon erzählt hatten.
»Wenn wir auch mitdürfen.«
»Kein Problem«, sagte Hakim.
»Hättest du Lust, mit uns im Hotel zu Abend zu essen?«, fragte ihn mein Mann.
»Im Grunde gern. Aber das ist uns verboten«, antwortete Hakim. Wir verabredeten uns für den nächsten Tag. Damit waren auch die Mädchen einverstanden, denn sie hatten brüllenden Hunger.
Nach einem opulenten orientalischen Mahl fielen wir todmüde ins Bett.
In Tunis hatte sich mein Mann durchgesetzt: Ein Schlaf-

zimmer war für uns reserviert, eines für die Mädchen. Beide Zimmer lagen nebeneinander. Die beiden waren hoch zufrieden, ich dagegen unruhig. Kein Auge habe ich zugemacht, und das nicht nur wegen der Mücken.
Beim Frühstück sagten uns zur Abwechslung unzählige Fliegen Guten Tag. Auch auf den Liegestühlen suchten sie uns heim, aber das Hotel wusste sich zu helfen: Alle halbe Stunde kam ein Mann mit Mundschutz und großer Spritze auf dem Rücken und verteilte giftigen Nebel gewissenhaft unter unseren Sitzen. Wir waren ihm damals dankbar, denn sonst wäre es nicht auszuhalten gewesen.
Am Strand bot ein Verkäufer Seeigel an – zum Essen. Er schnitt sie bei lebendigem Leib auf, träufelte ein bisschen Zitronensaft darüber – voilà. Mich ekelte. Das Kribbeln an der Lippe kannte ich: Herpes! Alexandras Vater warnte uns ganz unnötig: »Auch bei Seeigeln ist eine Hepatitis nicht ausgeschlossen, genau wie bei Austern und Muscheln.« Wir würgten.
Zum Glück kam Hakim, und unsere beiden Mädchen spielten Ball mit ihm am Strand. Das Meer war hier einigermaßen sauber. Nicht so der hoteleigene Pool. Undefinierbares, auf jeden Fall aber Anrüchiges schwamm auf der Wasseroberfläche. Todesmutige Mütter ließen ihre Kleinkinder unerschütterlich in dem Dreck schwimmen und dazu auch noch Wasser schlucken. Mein Herpes wuchs. »Sexy Lippen hast du«, spöttelte mein Mann, oder: »Hast du wieder eine Lippe riskiert?«
Ja, mein Lieber. Wer den Schaden hat, braucht für den Spott nicht zu sorgen.
Hakim führte uns am nächsten Tag ins berühmte *Café des Nattes,* wo schon August Macke gesessen und ge-

malt hatte. Wir tranken alle fünf süßen, heißen Pfefferminztee mit Pinienkernen, denn hier durfte Hakim es uns gleichtun. Der Jasmin duftete betäubend.
Anschließend gingen wir zum Bazar. In Trauben hingen kleine und größere tunesische Mädchen an den blonden Haaren unserer beiden Mädchen. Vor allem Alexandras Haare hatten es ihnen angetan, denn ihre waren noch heller. Heimlich ließen sie das Goldgespinst durch ihre Finger gleiten. Schade eigentlich, dass dieses hellhäutige Wesen aus fernem Land sich viel zu schnell fortbewegte.
»Wie im Märchen aus tausendundeiner Nacht«, seufzte Alexandra verzückt. Sie wiederum konnte sich nicht satt sehen am üppigen orientalischen Goldschmuck.
Ihrem Vater wurde es zu viel: »Im Hafen liegt die Gorch Fock, das deutsche Segelschulschiff, man kann sie sogar besuchen«, warf er plötzlich ein. Bingo! Sein geniales Ablenkungsmanöver war gelungen, die beiden Freundinnen drängten zum Aufbruch.
Und dann lag sie da, die Gorch Fock, die Königin der Meere. Sie war zwar abgetakelt und fast leer, aber trotzdem wunderschön. Ihr Rumpf aus braunem Holz schimmerte in der Abendsonne. Die Schiffsplanken hatten die Matrosen mit deutscher Gründlichkeit blitzblank geputzt. Schneeweiße, wenn auch gereffte Segel schmückten das Boot. Es ging eine große Ruhe von diesem Schiff aus.
»Sie müssten mal erleben, wie die Gorch Fock sich aufführt, wenn Sturm ist. Dann tanzt sie wie wild auf den haushohen Wellen. Für uns jedes Mal ein Fest«, sagte der Kapitän, der uns übers Schiff führte. »Wird den Matrosen schlecht dabei?«, erkundigte sich mein Kind mitfühlend. »Und wie!«, meinte der Boss. »Und immer wieder.«

»Wie – immer wieder?«, wollte Alexandra wissen.
»Wir bilden doch auf diesem Schiff Kadetten aus. Manche werden überhaupt nicht seekrank. Andere wieder gewöhnen sich nach zwei, drei Tagen an das Geschaukel. Wenn sie aber im Urlaub an Land waren, beginnt die Schinderei von vorne ... Und einige packen es nie. In diesen seltenen Fällen schicken wir die enttäuschten Anwärter mit vielen Segenswünschen wieder nach Hause. Ein kleiner Trost: Das Leben auf einem Segelschulschiff ist keineswegs ein romantischer Traum. Die Kadetten werden hart rangenommen.«
»Und wozu sind diese Waschbecken hier überall?« Alexandra studierte sie eingehend. »Keine Waschbecken«, korrigierte der Kapitän. »Die sind zum Spucken da. Wenn es hier richtig rundgeht bei Sturm, hat jemand, dem speiübel ist, keine Zeit mehr, eine Toilette aufzusuchen.« Jetzt hatten auch unsere beiden Mädchen ausgeträumt. Sie wollten von Bord.
Wir unterhielten uns gerade mit dem deutschen Botschafter in Tunis. »Kommen Sie uns doch besuchen. Wir haben morgen Abend Gäste. Sie sind herzlich eingeladen, alle vier«, forderte er uns auf. »Ich muss Sie allerdings warnen. Die Botschaft liegt ganz nah am Lac de Tunis, einem Süßwassersee. Er verlandet langsam, weil sämtliche Abwasser der Stadt ungeklärt hineinfließen. Es gibt keine Ringkanalisation. Je nachdem, wie der Wind steht, stinkt es ganz ungemein«, warnte er uns vor. Das waren ja anrüchige Aussichten!
Die beiden jungen Damen motzten auf dem Rückweg zum Hotel: »Da ist es bestimmt langweilig und steif in so einer Botschaft.« – »Vielleicht gibt es ein orientalisches

Dinner und auch ein kleines Programm mit Bauchtanz und so«, lockte ich. Das klang schon besser in ihren Ohren. »Vielleicht!«, schwächte ich zur Vorsicht ab.
Ich hatte Glück. Orientalisch das Essen, orientalisch gewandet die Kellner. Und als Krönung gab es Bauchtanz. In samtiger Nacht ruhten wir später auf dicken Kissen auf dem Dach der Botschaft. Gedämpfte Gespräche unter funkelnden Sternen. »Wie aus tausendundeiner Nacht«, murmelte Alexandra müde, aber glücklich.
Das hatte bei unserer Ankunft noch ganz anders ausgesehen. Das romantische Gebäude war umgeben von einer dicken weißen Mauer. Ein Wall von Bougainvilleen schirmte es ab. Optisch wirklich ein schönes Bild. Aber der Gestank: als ob tausend Jauchegruben auf einen Streich gelehrt würden. Wie hielten die Menschen das nur aus? Entweder hatten wir uns im Laufe des Abends an die »Duftwolke« gewöhnt oder der Wind hatte gedreht. Oder die Kühle der Nacht hatte sie verdrängt.
Wir verabschiedeten uns vom gastfreundlichen Botschafter und seiner Frau, dankbar für den erlebnisreichen Abend.
Ein Erlebnis wurde auch der Besuch in Hakims Elternhaus. Hier wurden wir ebenso herzlich begrüßt. Kein Jauchegestank, dafür ein hübscher Innenhof, in dem blauweiße Kacheln mit orientalischen Ornamenten Boden und Wände schmückten. Ein Kunstwerk. Mittendrin ein ebenfalls gekachelter Brunnen und das versprochene Kamel, das sich unermüdlich im Kreise drehte, um dem kargen Boden Wasser zu entlocken. Es blickte trotz seines harten Jobs äußerst hochnäsig auf uns herab.
Auch bei Hakims Eltern stießen wir auf selbstverständ-

lich herzliche Gastfreundschaft. Der obligatorische heiße Pfefferminztee mit Pinienkernen wurde uns gereicht, und Hakim servierte den Mädchen fetttriefende, köstliche Süßigkeiten.

Das entscheidende Urlaubserlebnis aber stand uns noch bevor. Wir, mein Mann, Alexandras Freundin und ich, dösten an einem unglaublich heißen Tag mit noch mehr Fliegen als sonst in unseren Liegestühlen. Unser Kind planschte im Meer und schaute sehnsüchtig auf die Wasserskiläufer. Plötzlich ein Volksauflauf. Frauen kreischten. Ich schreckte hoch.
Ich sah Alexandra im Meer stehen, die langen blonden Haare wie ein blutrotes Tuch um ihre Schultern hängend.
Sie war stumm.
Stand nur da.
Ich wusste, sie ist verletzt.
Und im Schock.
»Jetzt nur nicht ängstlich machen«, dachte ich bei mir. Ganz langsam ging ich ins Wasser und redete auf sie ein: »Komm, Mäuschen. Du bist ein bisschen verletzt, aber nicht schlimm. Gib mir deine Hand. Wir gehen jetzt rauf ins Hotel, und der Papi schaut deine kleine Wunde an.«
Gemächlich, sonst wäre sie in Panik geraten, gelangten wir ins Zimmer, eine Blutspur auf dem weißen Marmor hinter uns herziehend. »Leg sie aufs Bett«, sagte mein Mann. Ich raffte noch schnell Bade- und Handtücher zusammen und legte sie meiner Tochter unter. Sie blutete unglaublich.
Was war passiert?

Ein Wasserski hatte sich selbstständig gemacht und Alexandra voll am Hinterkopf getroffen. Die messerscharfe Kante hatte die Haut bis auf den Knochen durchtrennt.

»Ich muss ihr die Haare wegschneiden. Die Wunde muss ganz frei sein«, sagte mein Mann, der Arzt. »Kommt nicht in Frage. Einspruch!« Ich war fest entschlossen, das auf keinen Fall zuzulassen. »Dann bleibt uns nichts anderes übrig. Wir müssen sie ins Krankenhaus bringen.« Ein verdammt starkes Geschütz, das er da anführte. Ich hatte, vielleicht zu Unrecht, Angst vor allen Krankenhäusern außerhalb Deutschlands. »Ich werde ihr die Haare schneiden«, gab ich klein bei. »Du kannst ja sagen, ob es genug ist.«

Mit zitternden Händen machte ich mich an die Arbeit. Eile war geboten. Die Wunde sollte so wenig wie möglich infiziert werden. Sie blutete dermaßen, dass ich mich wie in einem Schlammbad vorwärts tasten musste. Unser Arzt half mir. Er drückte sterilisierte Tücher auf die Wunde, damit ich mich orientieren konnte. Nach einer Ewigkeit – so schien es mir – hatte ich so wenig Haare wie möglich und so viel wie nötig entfernt.

Der schwerste Schritt stand aber noch aus. Das Kind musste vorbereitet werden auf einen fürchterlichen Schmerz. Alexandras Vater hatte nichts zum Nähen dabei. Wer rechnet auch mit so etwas. Dafür hatte er aber Sprühpflaster in seiner Notapotheke, ebenso sterile Mullbinden.

»Püppchen, die Mami wird die Wundränder jetzt übereinander schieben. Ich werde dann reichlich Sprühpflaster auf die Wunde geben. Das tut gemein weh. Aber es ist immer noch besser als Nähen«, deutete mein Mann ihr vorsichtig an. Die Vorstellung, dass eine Nadel ihre Kopfhaut durchstechen sollte, kam für Alexandra einer Hinrichtung gleich. »Dann mach, Papi!« Es klang gottergeben schwach. Vater sprühte! Alexandra schrie. Sie schrie so, dass mir Gäste später berichteten, sie hätten gedacht, die bringen das Mädchen um. »Die Mutter hat ja auch so eiskalt reagiert, als es passiert ist«, wurde kolportiert. Ganz cool ist sie ins Wasser und hat das Kind rausgeholt, als ob nichts wäre. Aber das Mädchen hat so geblutet, dass es bestimmt eine Transfusion braucht. Und ins Krankenhaus bringen sie es auch nicht. Unmenschliche Eltern!«

Inzwischen hatte unser Mäuschen das Schlimmste überstanden. Ihr Vater sprühte Schicht um Schicht. Einmal senkrecht, dann wieder waagerecht. Das tat auch nicht mehr so weh, weil die erste Schicht getrocknet war und die Wunde verschlossen hatte. Ich zitterte, denn ich hatte so etwas ja noch nie gemacht. Dass ich meinem eigenen Kind dabei so wehtun musste, brach mir fast das Herz. »So, jetzt hast du es hinter dir, Mäuschen«, tröstete ihr Vater. »Die Mami steckt dir die Haare hoch. Wir umwickeln den ganzen Kopf noch mit Mullbinden, damit nichts verrutscht und die Wundränder übereinander bleiben. Und die Mami macht dir aus ihrem langen Schal einen Turban, dann siehst du aus wie ein kleiner Araberjunge.«

Püppchen lächelte schwach und schlief nach der anstrengenden und schmerzhaften Prozedur auf der Stelle ein. Für diese Nacht blieb sie zur Überwachung in unserem Bett.

»Tu doch was gegen meine Stimmungen.«

Wenn ich mit meiner Freundin Uschi heute Fotoalben wälze, dann schaut uns immer wieder ein lachendes Kind an. Oder ein schreibendes. Mitten im größten Trubel brachte Alexandra ihre Gedanken zu Papier. Kleine Alltagsfreuden, Stimmungen, Beschwerden oder Liebeserklärungen. Eine der phantasievollsten schrieb sie mit elf Jahren:

Liebe Mami.
Ich liebe Dich
Du bist so süß
Magst du mich auch?
Hübscher, süßer, toller, anmutiger schnuffeliger, lieblicher, wunderschöner, bezaubernder, anregungshafter, bedeutender braunhaariger Engel

I
love
You
Your Püppchen

(bei dir bin ich lespisch)

Im Februar 1979 hatte sie, damals elf Jahre alt und offensichtlich in großer Not, auf einen Zettel gekritzelt:

Liebe Mami,
Ich habe Angst, daß ich schwanger bin.
Püppchen

Liebe Mami
Ich habe Angst
daß ich

schwanger
bin
Püppchen

5. Febr. 79
(Püppchen 11 Jahre alt)

Da hat sie wohl ihr erstes Bussi bekommen. Und mit zwölf, wieder ganz Kind:

Liebe Mami
Leider habe ich gerade wieder meine Stimmungen!
Vielleicht bin ich ein ganz anderer Mensch als Du und Papi.
Weißt Du, ich bin soooo viel lieber mit Kindern zusammen.
Mir ist nicht langweilig

Dieser Satz richtete sich gegen die Kritik ihres Vaters, der immer wieder anmerkte: »Es gibt keinen Menschen, ich betone Menschen, dem langweilig sein könnte.« Deshalb die Entschuldigung von ihr.

Nur ... es macht mir keinen Spaß,
was anzufangen.
Irgentwie fühle ich mich langweilig trostlos.
Sag mir doch, was das ist!
Weißt Du, warum ich gerne Werbung schaue?
Weil ich meine manchmal trübe Stimmung damit abbaue.
Jedenfalls möchte ich viel lieber mit Kindern zusammen sein.
Tu doch was gegen meine Stimmungen.
Bitte!
Dein Püppchen.

»Dann lohnt es sich ja gar nicht zu feiern.«

Unser Almhäusl auf dem Grundstück wäre beinahe einmal »Tatort« für präpubertäre Spiele geworden. Es passierte an Alexandras dreizehntem Geburtstag. Sie wollte immer mit möglichst vielen Kindern zusammen sein, deshalb drängten sich zehn Freundinnen und Freunde auf elf Quadratmetern. Papierschlangen, reichlich Konfetti und Luftballons beanspruchten zusätzlichen Platz. Es gab, wie es sich gehört, Kuchen und Würstl. Pommes und Spaghetti hatte ich mir wegen der zu erwartenden Ketchup-Schlacht verkniffen. Eine Freundin von ihr hatte plötzlich genug vom »albernen Kinderkram«. Sie klinkte sich aus und half mir in der Küche. »Willst du nicht mal nach den anderen sehen?«, fragte ich. Sie wollte nicht. Aus »Service-Gründen« schaute ich selbst nach.

Aber was war das? Die Fensterläden am helllichten Tag plötzlich zu, verrammelt auch die Tür. »Sie werden mir ersticken in der schlechten Luft auf engstem Raum«, dachte ich. Noch nichts ahnend, riss ich die Tür auf. Die Luft war zum Schneiden dick. Dann wurde mir die Situation schlagartig klar: Sie machten Pfänderspiele. Als Mutprobe allerdings, also eher harmlos. Die Mädchen hatten schon ganz schön abgelegt und saßen zum Teil mit ihren nackten Kinderoberkörpern da.

»Jetzt nur keinen Fehler machen und keine Vorwürfe«, sagte ich zu mir selbst. Vor allem aber sah ich Alexandras flehenden Blick, und ich wollte sie als Gastgeberin nicht vor ihren Freunden brüskieren. »Ihr kriegt ja überhaupt keine Luft in dem engen Raum!« Mit Pokerface machte ich die Läden auf. Die Kinder blinzelten ins Tageslicht. Frische Märzluft strömte durch den Raum. Sollte da auch nur eine Ahnung von schwüler Atmosphäre gewesen sein, sie war in Sekundenschnelle verflogen. Ich glaube, einige Kinder waren mir sogar dankbar, der Mutprobe enthoben zu sein.

»Ihr könnt doch auch im Garten spielen.« Mein Vorschlag kam zwar gut bei den Kindern an, unserem Grundstück tat er allerdings weniger gut. Sie schmissen mit Konfetti um sich, Luftballons wurden mit Nähnadeln gekillt, Bonbonpapiere über das gesamte Grundstück verteilt.

»Das ist mir eine Lehre«, sprach der Herr des Hauses. »In Zukunft nur noch Smarties. Kein eingewickeltes Bonbon mehr und nie mehr Konfetti.« – »Dann lohnt es sich ja gar nicht zu feiern«, maulte Alexandra. Ihr Vater drückte ihr einen Staubsauger in die Hand. »Das mit dem Konfetti nehme ich zurück, wenn du es schaffst, die bunten Dinger aus den Fußbodenritzen im Almhäusl wegzukriegen.« – »Kein Problem, Papi!« Sie machte sich ans Werk. Es zog sich und zog sich. Noch Jahre später hatten wir reichlich davon. Unerschöpflich strebten viele, viele bunte Konfettis aus den Ritzen ans Tageslicht.

Die Pfänderspiele habe ich Alexandras Vater gegenüber natürlich nicht erwähnt. Er hätte es nicht verstanden, die Kinder rausgeschmissen und der harmlosen Episode Bedeutung verschafft. Alexandra und ich haben nie mehr darüber gesprochen. Warum auch? Sie vertraute mir bedingungslos, und das wollte ich nicht aufs Spiel setzen. Und vor ihren Freunden blamieren wollte ich sie auch nicht.

Ihr Vater war da ganz anders. Er biss unliebsame Gäste einfach weg. Wie oft habe ich diesen Kurzdialog über die Sprechanlage gehört: »Wir wollten nur mal eben vorbeischauen«, tönte es von der Straße zu uns herauf. »Das ist nett. Und das habt ihr ja jetzt. Ja, dann noch: Guten Tag.« Das war's. Alexandra brachte sein Verhalten einige Feindschaften in der Schule ein. »Dein Vater ist ja ein richtiger Stinkstiefel«, sagten die einen. »Finde ich gar nicht. Bei mir ist er saunett!«, die anderen. Es kam ganz darauf an, wo seine Sympathie eben hinfiel.

»Wie soll das nur werden, wenn einmal ernsthafte Verehrer und ernst zu nehmende Freunde für Alexandra auftauchen?«, fragte ich mich. »Ich kann dir doch keinen backen!«, meinte sie manchmal leicht verbittert zu ihrem Vater. – »Du hast mir doch noch nie Schrott angebracht«, konterte er in solchen Fällen zuckersüß.

Im Großen und Ganzen standen sich die beiden in nichts nach. Ihr Vater machte eine freche Bemerkung über sie, sie gab sie ebenso rotzfrech zurück. So ging es eine ganze Weile, dann aber konnte die Situation urplötzlich kippen, und er kehrte den »Erziehungsprächtigen« heraus, wie das kleinere Püppchen zu sagen pflegte.

Das Abenteuer, erwachsen zu werden

Alexandra war nun dreizehn und sollte in die von allen Eltern gefürchtete Pubertät kommen. Ich sprach mit einem unserer Freunde über meine Besorgnis, dass Püppchen jetzt – wie jedes Kind – im Abnabelungsprozess von den Eltern unausstehlich werden könnte. »Sie muss eben rangenommen und gefordert werden«, meinte der. »Typisch männliche Formulierung«, dachte ich mir, aber Recht hatte er. Er besaß eine Wasserskischule am Starnberger See. »Bring sie zu uns, wir machen eine erstklassige Wasserskiläuferin aus ihr«, versprach Rudi. Was er auch noch versprach: »Sie wird abends so müde sein, dass sie nur noch eine Sehnsucht kennt: Schlafen.«

Ich wollte die Probe aufs Exempel machen, deshalb fuhren Alexandra und ich nach Possenhofen. Ihre ersten Versuche verfolgte ich vom Boot des Wasserskilehrers Gerhard aus. Sie stellte sich recht geschickt an, und ich war sehr stolz auf sie und sagte ihr das. Auch der Wasserskilehrer meinte anerkennend: »Das Mädchen ist talentiert. Jetzt werden wir erst einmal sicher auf zwei Skiern. Dann wird sie meine Assistentin im Boot. Und dann gehen wir es an mit dem Mono-Ski.«

Begeistert, aber auch ängstlich wegen der möglichen Gefahren, stellte ich einen Scheck für zehn Runden aus. Eine kostete damals siebzehn Mark. Alexandra war zunächst erschrocken, tröstete mich aber dann: »Mami,

*Wasserskischule Possenhofen am Starnberger See.
Püppchen hat's zum ersten Mal geschafft.*

wenn ich erst Assistentin bin, mit Leinen auslegen und so, habe ich immer eine Runde umsonst. Dann wird's nicht mehr so teuer für dich.« Das war typisch für Alexandra, sie wollte mich nie finanziell strapazieren. »Das ist sehr lieb von dir, Mäuschen, aber ich muss vor allem wissen, ob auch nichts passieren kann«, erklärte ich.

Der Wasserskilehrer beruhigte mich: »Ich bestehe grundsätzlich darauf, dass alle, ob sie noch lernen oder schon Profis sind, Schwimmwesten tragen. Sie dürfen auch nicht zu nah ans Floß heranfahren. Ein Aufprall ist dann unkontrollierbar. Wer es trotzdem tut, braucht sich bei uns nie mehr blicken zu lassen. Da bin ich konsequent.« Ich wusste mein Kind also gut aufgehoben und konnte mich an die Arbeit machen.

Wenn ich abends im Fernsehen zu tun hatte, wurde Alexandra nach Hause gebracht oder sie konnte sich ein Taxi nehmen. Oft habe ich sie auch selbst abgeholt und sie zu abendlichen Aktivitäten ermuntern wollen: »Na, Mäuschen, wollen wir nicht noch ins Kino gehen?« Die Frage war gemein, denn sie war in der Regel hundemüde. In den Sommermonaten ist sie, wie vorhergesagt, tatsächlich zum Wasserski-Profi geworden und nebenbei ganz komplikationslos pubertär. Aber auch für Alexandra begann jetzt allmählich das Abenteuer, erwachsen zu werden.

Genau das hatte ich 1976 noch sehr theoretisch betrachtet und niedergeschrieben in einem Buch, für den gleichen Verlag, für den ich heute schreibe. Der Titel: »Das Abenteuer, erwachsen zu werden«. Püppchen, damals erst neun Jahre alt, mochte es gar nicht, wenn die Mami Stunde um Stunde über ihrer kleinen Schreibmaschine hockte und unverständliches Zeug tippte. Einmal kam sie, gerade als ich einen »entscheidenden« Einfall hatte, ins Zimmer. »Moment, Püppchen, nur diesen einen Gedanken noch, sonst ist er weg.« Alexandra stampfte mit dem Fuß auf: »Dieses Buch macht alles kaputt, die ganze Liebe einer Mutter zu ihrem Kind!«, schrie sie wütend und stürzte weinend aus dem Zimmer. Sie hatte ja so Recht. Fortan habe ich das »Abenteuer« in die Nacht verlegt.

Ehrlich gesagt, vor dem jetzt für sie und mich anstehenden Abenteuer hatte ich einen großen Bammel. Kleine Anzeichen gab es durchaus. So schnitt ich ihr einmal die Haare, aber nichts war recht. Sie konnte sich manchmal so in Wut steigern, dass die Tränen nicht geflossen sind, sondern vielmehr waagerecht aus ihren Augen sprangen, und diese – normalerweise von sanftem Grüngrau – wurden karibikgrün. Ihr Vater hat das so an ihr geliebt, dass er sie manchmal so lange provozierte, bis er das Karibikstadium erreicht hatte. Ich hatte es mit dem Haareschneiden diesmal auch geschafft, wenn auch unfreiwillig. Sie war jedenfalls stocksauer auf mich. Dies dauerte aber nicht lange an, dann hielt sie es nicht mehr aus und schrieb mir einen Zettel:

Liebe Mami
Ich möchte mich sehr sehr bei dir entschuldigen,
das ich so frech zu dir war. Du hast mir wirklich
nicht viel abgeschnitten. Bitte verzeihe mir ich

habe heute meinen schlechten Tag. Und ich versuche die schlechte Laune zurückzuhalten bitte verzeih mir
dein Püppchen
in echt Alexandra!

Wir versöhnten uns wie immer auf der Stelle. Damit ihre Stimmung besser wurde, ging ich auf ihren Wunsch ein, selber einen Kuchen zu backen. »Unter einer Bedingung, Püppchen. Ich möchte die Küche so sauber und aufgeräumt wieder finden, wie du sie vorgefunden hast.«
»Kein Problem, Mami«, versprach sie.
»Augen zu und durch«, dachte ich mir, während sie die Küche auf den Kopf stellte. Nach zehn Minuten hielt ich es nicht mehr aus, ich wollte nur einen Blick riskieren. Den hätte ich mir verkneifen sollen, denn der erste Schnee in den Bergen hätte nicht eindrucksvoller sein können. Die Küche war von einer dicken, weißen Schicht überzogen, und ich wunderte mich, dass sie für ihren Kuchen überhaupt noch Mehl übrig hatte. Dafür duftete es aber wirklich verlockend.
Dann das Wunder: Alexandras erster Kuchen war perfekt gelungen, sowohl in der Form als auch im Geschmack ein Rührkuchen vom Feinsten. Und die Küche blitzsauber, kein Mehlstäubchen weit und breit.
»Und, Mami, sag?«, wollte sie augenblicklich gelobt werden.
»Ich bin überwältigt, Mäuschen. Und gebe dir hiermit für alle Zeiten die Lizenz zum Backen und zum Kochen.«
Großer Jubel.

Liebe Mami

Ich möchte mich sehr sehr bei dir entschuldigen, das ich so frech zu dir war. Du hast mir wirklich nicht viel abgeschnitten. Bitte verzeihe mir ich habe heute meinen schlechten Tag. Und ich versuche die schlechte Laune zurückzuhalten. bitte verzei mir dein ~~Ru~~

dein Püppchen
in echt Alexandra!

»Mami, gibst du mir dann auch mal ein Rezept?«
»Nein, Mäuschen, das tue ich nicht. Du sollst dir selber überlegen, was du kochst. Außerdem hast du mir oft genug zugeschaut und geholfen. Jetzt lass mal deine Phantasie spielen.«
»Du traust dich was, Mami.«
»Im Gegenteil, du sollst dich trauen, Alexandra.«
Ich kann mir im Nachhinein zur Küchendispens nur gratulieren. Erstens kann ich mich nicht erinnern, je etwas Ungenießbares gegessen zu haben, zweitens war sie so auch in der kalten Jahreszeit abgelenkt und beschäftigt.
So wie ich übrigens auch. Der Herbst war immer die arbeitsintensivste Zeit für mich. Mit Fernsehauftritten, Talkshows, Galas, Messen, Modenschauen, Autogrammstunden und Benefiz-Aktionen reihte sich ein Termin an den anderen. Alexandra fühlte sich oft allein, auch wenn ihr Zuhause schön war. Mit ihrem Vater fremdelte sie auch nach Jahren noch. Sie war es einfach gewohnt, mit ihren großen und kleinen Kümmernissen und Wehwehchen zu mir zu kommen. Wenn dagegen ihr Vater beschäftigt war, wollte er unter keinen Umständen gestört werden, auch nicht vom eigenen Kind. Und die Mutter war, wie so oft, unterwegs.
Verzweifelt schrieb Püppchen mir im März 1980, als Dreizehnjährige:

Weißt Du, es gibt ja Gründe, daß ich den Papi zur Zeit nicht so mag. Fernseher, Zeitung, Büro, seine Bücher und Interessen, alles ist wichtig für ihn ...

Und zwischendurch mal ich.
Und die Entschuldigung ist er macht es ja alles für mich.
Und dann die Sucht des Rauchens im Auto und überhaupt,
von der mir schlecht wird.
(aber wehe ich esse Kaugummi oder Äpfel in seiner Gegenwart, zumal das Rauchen für uns alle ein Mit-Rauchen bedeutet)
Außerdem ist er zu dick.
Alles das stört mich und zwar sehr!!!!
Und dann zu Dir?
Was stört mich an Dir????
Nichts!!!
Halt dass Du ein bißchen zuviel arbeitest.
Aber wenn Du da bist dann bist Du da, und zwar ganz!!!!!!!!!!!
Aber richtig stören tut mich an Dir nichts!
(Vielleicht momentane Sachen aber keine lange andauernden Sachen, nur das, was in jeder Familie stört, den anderen stört.)
Vielleicht lauere ich beim Papi schon drauf, das er ungeduldig ist oder was anderes, was ich aufgezählt habe macht.
Oder ich frage ihn ob er mit mir spielt und ich genau weiß daß er nein sagt, aber ich glaube, da ist er selbst schuld. Ich glaube ich gehe ihm manchmal sehr auf die Nerven. Gott sei dank ist das mit den Launen im Moment nicht so schlimm (aber man darf nicht zu optimistisch sein. Jedenfalls müssen wir das mal diskutieren. Erst wir beide

allein und dann mit ihm. (wenn er nicht böse wird.)
O. K.
Ich liebe dich sehr

P.S. Wenn ich Kaugummi esse, kann er es nicht hören und wenn ich es nicht hören kann daß jemand über Stoff kratzt, dann ist es Hysterie.
Das verstehe ich nicht.

Das versteht – glaube ich – niemand, Alexandra.

Jetzt, da ich mir meinen Kummer über den schrecklichen Verlust meiner Tochter von der Seele schreibe, wundere ich mich immer noch, wie haarscharf Alexandra unsere damalige Familiensituation beschreiben konnte.
Da war auf der einen Seite der auf seine Tochter eifersüchtige Vater, dem auch meine Abwesenheit offensichtlich mehr zu schaffen machte, als er sich eingestehen wollte. Auf der anderen Seite das Kind, das seinen Vater so gerne geliebt hätte, aber nicht so richtig an ihn herankam.
Kritik übte Alexandra aber auch an mir: Die Mutter arbeitet zu viel. Darin stimmte sie ja nun mit ihrem Vater überein. Auch am 6. Juni 1980 drückte sie ihren Kummer darüber in einem Brief aus:

Liebe Mami.
Schade!
Jetzt sind die Ferien wieder um.
Du mußt mich verstehen!

Leider muß ich Dich tadeln.
Du hast gesagt wir würden wandern und ein paar Tage beim Vati sein.
[Sie meinte ihren Großvater, der am Chiemsee wohnte.]
Wir würden Radl fahren und spazieren gehen.
Aber das haben wir leider, leider nicht getan!
Bitte sei mir nicht böse.
Ein nein zweimal warst du krank und da will ich nicht meckern.
Aber bitte halte in den großen Ferien Dein Versprechen.
Tschüs
Dein
Dich liebendes Püppchen.

»Bestimmt schleppt mich der Papi wieder in ein Museum.«

Kurz darauf musste ich nach London fliegen. Ich hatte dort zu tun. Um mehr Zeit füreinander zu haben, beschlossen wir, dass meine Familie mich begleiten sollte.
»Bestimmt schleppt mich der Papi wieder in ein Museum«, argwöhnte Alexandra.
»Aber da gibt es Kauerleichen. Verschiedene Völker haben ihre Toten in einem Hockergrab beerdigt, mit angezogenen Beinen und den Kopf auf die Knie gepresst.«

»In echt, Mami?«

»Wenn ich es dir sage, ich habe sie selber schon gesehen.«

Mit der Programmgestaltung des ersten Tages in London begann ein schwieriger, strategischer Feldzug für ihren Vater. Sollte er sie gleich ins Museum führen? Dann war womöglich die Luft raus und sie langweilte sich anschließend den ganzen Tag. Andererseits, wie lange würde sie durchhalten, ohne die Kauerleichen gesehen zu haben? Er ist es schließlich ganz geschickt angegangen: Zuerst eine halbe Stunde museale Kunst. Dann Pause, Essen und Trinken. Danach Andenkenladen. Dort kaufte Alexandra für »die arme Mami«, die ja arbeiten musste, einen kleinen, vergoldeten Skarabäus, den ich noch immer habe. Und – als krönenden Abschluss – besuchten beide die »Kauerleichen«.

Zum Glück war ich schon im Hotel, als sie zurückkamen. »Mami, der Papi war so süß, der hat mir die ›Kauerleichen‹ gezeigt. Überhaupt, ich finde ein Museum gar nicht mehr langweilig. Und schau, was ich dir mitgebracht habe. Das musst du immer bei dir haben, sonst bringt's kein Glück, hat die Dame im Andenkenladen gesagt. Und was machen wir jetzt?« Sie war putzmunter – ich dagegen todmüde. Also gingen wir essen.

Der nächste Tag war sowieso gerettet. Mami musste arbeiten, Papi und Püppchen stöberten in der Portobello Road nach Schätzen. Sie holten mich später von der schwierigsten Aufgabe, die ich in meinem Beruf je zu bewältigen hatte, ab. Das Ganze nannte sich *Talking Head:* Eine Bildhauerin hatte von mir einen Gipskopf angefertigt und diesen später in Ton modelliert. Das war für

mich noch nicht anstrengend. Einen Tag später wurde ich in ein Studio geführt – ganz in Schwarz ausgeschlagen. Ich wurde mit einer ungewohnt dicken, fast pastosen Schicht geschminkt, oder besser gesagt zugekleistert. »Und die Mimik?«, fragte ich, schon ein bisschen angekritzelt. »Brauchen wir keine, im Gegenteil.«
Dann zogen sie mir einen schwarzen, engen Rolli über, führten mich zu einem schwarzen Stuhl und schnallten mich fest. Ich kam mir vor wie ein Delinquent. »Todesstrafe?«, fragte ich schwach. »So ähnlich«, sagten sie und erzählten mir schauerliche Geschichten. Ein berühmter deutscher Fußballstar sei nach stundenlanger, quälender Konzentration weinend hinausgelaufen. »Ich bin doch kein Fußballer«, versuchte ich mich selbst zu trösten, »der hat doch gar nicht gelernt zu sprechen.«
Die düsteren Geschichten gingen weiter. Da war auch noch der Moderator, der zusammengebrochen war und nur noch schrie: »Raus! Ich will hier raus. Nie mehr *Talking Head!*« Ein Moderator? Das machte mich nachdenklich. Ich bekam mitten im heißen Studio Gänsehaut. »Nicht verrückt machen lassen, sondern erst mal die Aufgabe erklären lassen«, redete ich mir gut zu.
»Also, es gibt hier drei Kameras.«
»Das ist ja so weit noch nicht schlimm.«
»Abwarten«, antworteten sie. »Alle drei mit Teleprompter und dem gleichen Text. Die Schwierigkeit ist nur die: Sie dürfen sich nicht bewegen. Nur die Augen dürfen freundlich nach allen Seiten schauen. Wir zeigen Ihnen einmal, was Ihre Nase macht, wenn sie nur einen Millimeter aus dem Fokus der mittleren Kamera kommt.«
Ich schaute erschrocken auf mein völlig verzerrtes Ge-

sicht, das nur noch eine Fratze war. »Deshalb hat Ihr Stuhl die seitlichen Lehnen ganz nah am Kopf. Sie sollen Ihnen helfen, sich nicht zu rühren. Also: Lächeln Sie mit den Augen. Keine Bewegung mit dem Gesicht. Und fünf Minuten ohne Versprecher den Text ablesen. Möglichst lebendig.« Jetzt wurde mir klar, warum so mancher das Studio schreiend verlassen hatte.

»Und wozu das alles?«, wollte ich wissen. »Wir wollen einen sprechenden Kopf«, erklärte mir der Regisseur. »Dazu nehmen wir Sie dreidimensional auf. Dieser Film wird später auf Ihren Kopf aus Ton überspielt. Der wiederum sitzt auf einer Puppe, die Ihre Figur hat und genauso gekleidet ist wie Sie. Dann hält die Firma, für die es gedacht ist, eine Pressekonferenz ab. Die Journalisten und das Publikum denken, das *Talking Head* sind Sie. Und zur allgemeinen Überraschung treten Sie dann realiter von der anderen Seite auf. Wir haben schon verblüffende Sachen gemacht. Es gibt in Entwicklungsländern Potentaten, die ein *Talking Head* in Auftrag geben. Die Absicht: Wenn ein Anschlag auf sie verübt wurde, dann sieht die Bevölkerung ihren Regierungschef putzmunter im Fernsehen. Er sagt ihnen, dass so weit alles in Ordnung ist. Sie glauben es, weil sie sehen, dass Generäle und Politiker im Hintergrund vorbeihasten. Ein Aufstand wird so vermieden, und die Familie und vor allem die Günstlinge haben Zeit, Schätze und Geld außer Landes zu schaffen.«

Ich aber wollte keine Schätze wegschaffen, sondern lediglich die Leute animieren, doch ein paar edle Klunker zu kaufen. Nun saß ich schon mal auf meinem Delinquentenstuhl, und gleich wollte mich meine Familie ab-

holen. »Augen zu und durch«, dachte ich mir. »Nein, im Gegenteil: Augen auf und gerollt, was das Zeug hält.« Stimme aus der Regie: »Pardon, Sie rollen so wild mit den Augen. Das sieht absolut unnatürlich aus. Bitte freundlich in alle drei Richtungen schauen. Es soll animierend wirken.«
»Ich bin doch keine Nutte«, knurrte ich zurück.
»Das hat auch niemand verlangt. Ein freundlich verbindlicher Blick sollte es sein. Oje, jetzt haben Sie sich so heftig bewegt, dass Ihre Nase total verzerrt ist. Und lassen Sie sich Zeit. Wir üben erst mal noch ein bisschen die Mimik.«
Mir wurde die Sache peinlich. Meine Mutter hatte mir für solche Fälle eine Regel mit auf den Weg gegeben: Peinlich wird erst dann etwas, wenn andere merken, dass es dir peinlich ist. »Nun reiß dich mal zusammen!«, sagte ich zu mir selbst. »Sie haben dich schließlich nach London geholt, weil sie dich kennen und keine andere wollen. Und sie erwarten etwas von dir.« Das wirkte auch diesmal wieder. In einer Stunde war das *Talking Head* »gegessen«. Vielleicht half mir ja auch die Tatsache, dass inzwischen Vater und Tochter in der Regie saßen. Vor ihnen wollte ich mich auf keinen Fall blamieren.
Nach den Dreharbeiten wurde mit dem Team beim bekanntesten Italiener von London gefeiert. Püppchen war hin und weg, denn da wurden nach der obligatorischen Pasta auf einem riesigen Silbertablett Beeren serviert. Erdbeeren, Blaubeeren und Johannisbeeren, nicht unter fünf Kilogramm für zehn Menschen! Wohl genährt und zufrieden fuhren wir ins Hotel zurück. So wurde die dreitägige Londonreise ein voller Erfolg für uns alle.

»Das verspreche ich Dir, Mami. Nirgendwohin.«

Das kann man von ihrem vierzehnten Geburtstag nicht sagen. Alexandra war immer bedingungslos ehrlich mit mir. Wenn sie mir etwas versprochen hatte, hielt sie es auch. Mit vierzehn, ich konnte es ihr nicht verdenken, wollte sie ihren Geburtstag abends mit ihrer Freundesclique in einem Starnberger Café feiern. »Und ihr geht wirklich nirgendwo sonst hin?«, fragte ich ängstlich. »Das verspreche ich dir, Mami. Nirgendwohin.«
Der Café-Besuch war kurz, er dauerte vielleicht eine knappe Stunde. Die Freunde ließen es sich auf Alexandras Kosten schmecken, dazu waren sie auch eingeladen. Kaum aber hatten sie den letzten Bissen intus, drängelten sie auch schon zum Aufbruch, denn die pubertären Kids hatten Ameisen im Hintern. Ihre Standardbemerkung damals: »Das ist doch eher grob langweilig hier!«
Kurzum – München war angesagt. Zu fünft im Auto mit einem Fahrer, der gerade mal ein halbes Jahr seinen Führerschein hatte. Alexandra weigerte sich mitzufahren: »Ich hab's versprochen!« – »Mamikind!«, höhnten die Freunde und machten hämische Bemerkungen. Püppchen blieb standhaft. Ungerührt fuhren ihre Freunde los und ließen das Geburtstagskind allein zurück. »Selber schuld!«
Es fällt mir wirklich nicht leicht aufzuschreiben, was dann passierte. Alexandra wollte ihre Clique nicht vor mir bla-

mieren, nach Hause laufen war also nicht. Sie setzte sich auf die Stufen des Cafés und wartete. Es war lausig kalt in dieser Märznacht. Sie wartete. Ein Junge, den sie von der Schule kannte, gab vor, sie wärmen zu wollen. Er wollte das Gegenteil, wurde zudringlich und versuchte, ihr den Pullover auszuziehen. Er hatte Bärenkräfte.

Irgendwie gelang es ihr dennoch, sich loszureißen. Sie rannte, so schnell sie konnte, nach Hause, keuchend, immer bergauf. Schließlich hielt ich ein schluchzendes Bündel Mensch im Arm, das sich nicht beruhigen konnte.

Ich gebe zu, in dieser Nacht hatte ich Mordgedanken. Ich fand es allerdings auch von mir unverantwortlich, mein Kind, wenn auch unwissentlich, in eine derartige Situation gebracht zu haben. Ein warmes Bad schaffte es schließlich, dass sie ihre Fassung zurückgewann. Ehe sie einschlief, bat sie mich aber noch, ihre Freunde zu schonen, denn sie kannte mich und wusste, wie rachsüchtig ich war. Ich habe ihr versprochen, nichts zu unternehmen, was mir schwer fiel. Einen kleinen Tipp aber habe ich ihr gegeben: »Keep cool. Nichts anmerken lassen von den Schrecknissen der Nacht. Pokerface. Lass sie rätseln!«

Während ihr Freundeskreis begann, sich für Diskotheken, Bars und Cafés zu interessieren, erwachte in Alexandra das Interesse an Theater und Literatur. Als sie 1981 zum ersten Mal *Nathan der Weise* gesehen hatte, verfasste sie anschließend folgendes Gedicht:

Ein Heide, ein Jude, ein Moslem, ein Christ:
An einem Orte versammelt ist.

Ein jeder fragt viel, fragt allerlei und ...
welcher Glaube der richtige sei.
Einer ergreift das Wort und spricht
den anderen ins Angesicht:
Es wäre die Pflicht aus seiner Sicht heraus,
einen jeden zu töten,
der nicht seines Glaubens sei.
Die anderen sind betreten ...
Der Moslem will sich damit beehren,
dass er zuerst versucht zu belehren,
und will sich der andere doch nicht bekehren ...
zu seinem Gott, zu seinem Glauben ...
dem will er alsbald das Leben rauben.
Die beiden anderen »Stillen und Weisen«
erinnern an das Wort Nathans des Weisen.
Ein Heide, ein Jude, ein Moslem, ein Christ,
ein jeder des anderen Freund nun ist ...

»Und sonst ist nie was Außergewöhnliches passiert?«

Ein einziges Abenteuer war unsere Reise nach Sizilien im Jahr darauf. Wir fuhren Mitte April in Alexandras Osterferien, sie war fünfzehn. Wir hatten ein schönes Hotel direkt am Strand gebucht, es war ein wunderbares altes Haus, von englischen Bierbrauern im 19. Jahrhundert erbaut.

Flughafen Catania. Der Ätna grüßte beim Anflug. »Aber er macht uns nichts, Mami, oder?«, wollte Alexandra wissen. »Ganz bestimmt nicht«, beruhigte ich sie, »in unserem Urlaubsort Taormina war noch nie etwas.«
Ins Hotel führte ein öffentlicher Lift. Eine große Suite mit einem größeren und einem kleineren Raum war für uns reserviert. Was mir als Erstes auffiel, als ich die Räume betrat, waren riesengroße, altmodische Betten, und in den Rahmen gesetzt zwei, ich behaupte mal, Campingliegen von ungefähr sechzig Zentimeter Breite. Sie rutschten im gewaltigen Bett hin und her. Alexandra fand es herrlich, während ihr Vater und ich leicht verzweifelte Blicke tauschten. »Erst mal essen, dann sehen wir weiter«, sagte er.
Der mediterrane Speisesaal versöhnte uns auf der Stelle. Während des Essens genossen wir den Blick durch die riesigen Fenster auf das abendliche Meer. Zugegeben, die anderen Gäste führten sich ein wenig seltsam auf. Offensichtlich war es ein Familien-Clan, der sich das Hotel für eine Feier ausgesucht hatte. Die Herren waren alle in Schwarz gekleidet und trugen dunkle Sonnenbrillen, die Damen luxuriös ausgestattet, eine Spur zu grell. Wir lauschten einer Ansprache, die niemand von uns verstand. Da half mir mein Latein überhaupt nicht, und auch Alexandras Vater mit seinen Esperanto-Kenntnissen verstand nur Bahnhof.
Eines aber war für uns eindeutig: Wir waren in einem Mafia-Hotel gelandet. »Hier sind wir bestimmt so gut aufgehoben wie in Abrahams Schoß.« Damit beruhigten wir uns, während wir todmüde versuchten, in den ächzenden, rutschenden Betten Schlaf zu finden. Es gelang

uns nicht, Alexandra dagegen hatte kein Problem. Sie träumte wohl von ihrem ersten Flirt, denn schon auf dem Flughafen war ihr ein junger Mann verzückt nachgestiegen. So jung, so blond, so schön. Die jungen Sizilianer waren überhaupt aus dem Häuschen, und wir beschlossen, unsere Tochter keine Minute aus den Augen zu lassen.

Zu dritt eroberten wir am nächsten Tag Taormina. Ich war unruhig. Die vielen engen Gässchen, wie schnell verlor man sich aus den Augen. Ein Straßenkünstler überredete uns, von unserer bella Signorina einen Scherenschnitt machen zu dürfen. Schwarzer Scherenschnitt von blondem Mädchen? Ich wusste nicht so recht. Alexandra auch nicht. Während wir noch hin und her überlegten, war der Künstler mit seinem Werk längst fertig. Er arbeitete im Akkord, sonst hätte er wohl keine Geschäfte gemacht. Das Resultat war dementsprechend. »Das soll ich sein? Bin ich denn so hässlich?« Alexandra konnte sich gar nicht beruhigen. »Im Hotel werde ich es sofort zerreißen«, drohte sie. Der Scherenschnitt hängt bis heute in ihrem Zimmer.

Bei unserem Taormina-Ausflug stießen wir auf ein Café besonderer Art: dicke Einschusslöcher in den Scheiben, dahinter ein Chaos von umgestürzten Tischen und Stühle, blutrote Weinpfützen überall. Hier hatte offensichtlich die Mafia zugeschlagen, und wir waren nun doch ziemlich beunruhigt. Mein Mann konnte es nicht lassen und sprach unseren Hoteldirektor an: »Wir sind ein bisschen nervös, weil wir ein verwüstetes Café gesehen haben. Im Außenbezirk von Taormina. Beim Spazierengehen. Kann das die Mafia gewesen sein?« – »Lieber Herr

Doktor«, lächelte der Hotelmensch, »die Mafia, die gibt es nur in der Phantasie oder höchstens im Film. Das war einmal vor zig Jahren. Ein romantisches Relikt. Nein, da können Sie ganz beruhigt sein.«

Wir dagegen wurden erst recht nervös. Wieso sollten wir in einem Mafia-Hotel sicher sein? Da brauchte doch nur ein verfeindeter Clan mit Maschinengewehr in den Speisesaal zu stürmen, die konkurrierende Familie auszurotten und die ganzen Gäste mit. Es waren eh nicht viele da. Wir zogen die Konsequenz und speisten, soweit das möglich war, zu unorthodoxen Zeiten.

Wir machten auch Tagesausflüge zum Ätna und nach Syrakus, um der vermeintlichen »Gefahrenzone« zu entkommen. Für Alexandra war der Ätna das schaurig gruselige Tor zur Hölle. Aus Erdspalten kroch nach Schwefel stinkender Dampf, und mitten in mühsam erkalteter Lava stand ein Restaurant. Der Wirt führte uns ungefragt, aber begeistert einen Film der heftigsten Ausbrüche vor. »Das war anno sowieso – da ist zum fünften Mal dieses Haus völlig in der Lava verschwunden. Und jedes Mal bauen wir es wieder auf. Den Schrank da nehmen wir immer vorher mit, ehe wir das Haus aufgeben.« Alexandra rückte ihren Stuhl interessiert näher. »Und sonst ist nie was Außergewöhnliches passiert?« Ich sah ihr an, dass sie eine Sensation herbeisehnte. »Doch ja, die kleine Kapelle mit der Muttergottes, sie ist einmal mitten in der glühenden Lava völlig unversehrt stehen geblieben. Die Ströme sind rechts und links vorbeigeflossen. Ein Wunder!« Dazu schlug er das Kreuzzeichen.

Für Wunder war Alexandra immer aufgeschlossen, auch mit fünfzehn noch. Ihr Vater kaufte ihr als Andenken an unseren Ätna-Besuch noch eine Kette aus Hämatit, die ein beachtliches Gewicht hatte. »Kristalline Lava und deshalb schwarz und schwer!« Dass ihr Vater nie um eine Antwort verlegen war, imponierte ihr sehr.

Unsere Zeit im Mafia-Hotel neigte sich dem Ende zu. »Gott sei Dank«, dachte ich mir insgeheim, aber es sollte ein Ende mit Schrecken werden. Die Koffer waren gepackt und wurden zur Rezeption geschafft. Vor der Tür wartete der hoteleigene Wagen, der uns zum Flughafen nach Catania bringen sollte. Lässig angelehnt ans Auto eine schwarze Gestalt mit schwarzer Sonnenbrille. »Das gesamte Gepäck bitte in den Kofferraum. Auch die Handtaschen der Damen!« Das war ein Befehl, keine Bitte.
Ich schaute besorgt zu Alexandras Vater. Vielleicht sahen wir schon Gespenster? Er seufzte. Hieß das, er ergab sich in sein Schicksal? Ich dachte an meine Handtasche samt Inhalt: die Flugtickets, mein Geldbeutel – und alles am Ende futsch? Ich wurde wütend: »Jetzt sagen Sie uns wenigstens, warum wir das tun sollen!« – »Es ist zu gefährlich. Speziell der Weg nach Catania und zum Airport. Die kleinen Gauner scheuen sich nicht, an einer Ampel die Autoscheiben einzuschlagen und Ihre Handtaschen zu klauen.« Ein kleines verächtliches Lächeln kam unserem »Beschützer« an dieser Stelle aus. Freilich, die Mafia hält sich mit solchen Kleinigkeiten nicht auf, sie pflegt auf anderem kriminellen Niveau zu operieren.
Gottergeben – besser Mafia-ergeben – machten wir uns auf den Weg. Ab und zu an Ampeln ein kleiner prüfender Blick ins Auto – da war nun wirklich nichts zu holen.

Oder schreckte allein schon unser finster blickender, schwarz gewandeter Cerberus ab? Uns konnte es egal sein, solange nichts passierte. Erleichtert checkten wir nach München ein. Alexandra allerdings überraschte uns in der Lounge mit dem Bekenntnis, dass unser Mafiabewacher eigentlich doch ganz süß gewesen sei, für sie jedenfalls, fügte sie hinzu, um jeglichem Streit aus dem Weg zu gehen. Ihr Vater und ich gingen darüber hinweg. Wir freuten uns auf unser gemütliches Zuhause und einen stresslosen Alltag.

»Lieber ne ? in Englisch als gar keine persönliche Note.«

»Mami, ich komme da nicht weiter.« Diesen Spruch von Püppchen kannte ich.
»Worum geht's, Mäuschen?«
»Latein.«
»Kein Problem.« Latein war schon immer meine heimliche Leidenschaft, und ich hatte mich damit stets leicht getan. Sogar Livius-Texte, die, nicht ganz zu Unrecht, ein Schülertrauma sind, fielen mir nicht schwer. Mit Alexandra allerdings ging manchmal die Phantasie durch: »Classis romanis«, die »römische Flotte«, geriet ihr zu einer »flotten Römerin«. Ottfried Fischer würde sagen: »Schwer ist leicht was.«
Nun war Alexandra niemals das, was man eine Einser-

schülerin nennt, aber sie war immer eine gute Schülerin. Ich war mit ihr zufrieden und sagte mir: Hauptsache, sie ist ein glückliches Kind. Sie sah das wohl auch so. Als sie einmal eine Englischarbeit glaubte verhauen zu haben, schrieb sie mir einen einzigen Satz, umrahmt von einem dicken Herz:

Lieber ne ? in Englisch als gar keine persönliche Note.

In Naturwissenschaften aber war ich eine totale Fehlanzeige. Alexandra wusste das und quälte sich nolens volens alleine durch die Alptraum-Aufgaben. Auch ihr Vater war ihr keine große Hilfe. Er konnte einfach nicht begreifen, dass sie nicht begriff. Ich kannte das von meinem Vater. Wenn jemand eine Ader für Naturwissenschaften hat, weiß er ja gar nicht, wo er, bei einem Mathematik-Trottel wie mir zum Beispiel, ansetzen muss. Ich habe immer gefragt: »Warum? Warum gibt es diese Formel? Hat das jemand willkürlich bestimmt?« Die stereotype Antwort: »Das musst du einfach so akzeptieren. Sonst kommst du nicht weiter.« Eine schöne Erklärung, bei der ich mich immer wieder fragte, wo da die Logik ist. Logisch, dass Alexandra, die im Übrigen ein ausgesprochen analytisches Talent hatte, so auch nicht weiterkam.
Eines Tages muss sie ihr Mathe-Unverständnis leid gewesen sein. Auf unserem Grundstück steht unser bereits erwähntes Almhäusl, ein Minihaus, mit ausziehbarem Bett, Klapptisch, Telefon, Fernseher und Duschbad. Letzteres hatten wir auf ihren Wunsch mit weißen Kacheln und blauen Fugen fliesen lassen. Hier hat man seine Ruhe, wenn man will, und sie wollte.

Mit einer Mathematik-Aufgabe, deren Resultat sie kannte, versuchte sie den einzig richtigen Weg zu finden. Es war eine Textaufgabe, und sie wollte so lange forschen, bis sie die Lösung hatte. Mir war es irgendwie unbehaglich, sie in dunkler Nacht allein im Almhäusl zu lassen, aber unser Schäferhund hatte sich schon von selbst auf die Schwelle gelegt und rührte sich nicht vom Fleck, denn er liebte und beschützte sie.

Kurz nach drei Uhr morgens kam sie endlich an mein Bett. »Ich hab's geschafft, Mami. 62-mal habe ich die verdammte Aufgabe durchgerechnet!« Ist es ein Wunder, dass ich vor meinem Kind lag? Ihr Vater drehte sich halb im Schlaf um und meinte nur: »Was soll der Unsinn? Die Nacht ist bald zu Ende, und morgen hast du Schule.« Irgendwo hatte er ja Recht. Aber Alexandra hatte auch das Recht, auf sich stolz zu sein.

»Papis Erziehung war nie streng, aber für mich unlogisch«, meinte sie später einmal in einem Interview. »Ich lernte von ihm, ein Baumhaus zu bauen. Und er hat mir die Sicht eines Mannes erklärt, wenn ich Krach mit meinem Freund hatte.«

Psychologen sind ja der Ansicht, dass Vaters Welt »Wissen, Kampfgeist und Durchsetzungsvermögen verkörpert«. Wissen – das stimmt bei Alexandras Vater ohne Zweifel. Und als sie wiederum eine gehörige Portion davon erworben hatte, wurde sie für ihren Vater auch zu einer adäquaten und vor allem schlagfertigen Gesprächspartnerin. Im November 1983 meinte er einmal in schöner Selbsterkenntnis: »Ich glaube, ich rede viel, wenn der Tag lang ist.« Darauf Alexandra, wie aus der Pistole geschossen: »Aber Gott sei Dank werden ja jetzt

Alexandra mit sechzehn in meinem Abendkleid auf ihrem ersten Ball, gut behütet von ihrem Papi.

im Winter die Tage kürzer.« Da war er fasziniert von der Schlagfertigkeit seiner Tochter.

Alexandra hatte während ihrer Schulzeit ihre festen Freundinnen und natürlich die unvermeidlichen Neider. »Du mit deiner TV-Mutter«, hieß es bei den einen, »Ihr mit eurem Palazzo protzo« bei den anderen, oder auch umgekehrt: »Ich habe deinen Vater auf diesem Armseligkeitsmofa gesehen, könnt ihr euch kein Auto leisten?« Anfangs verteidigte sie noch sich und uns. »Du musst dir ein dickes Fell zulegen«, riet ich ihr. »Gar nicht hinhören und kein Kommentar, das macht Neider fix und fertig. Kein Echo, keine Reaktion, dann lohnen sich die Anfeindungen nicht.« Das nahm sie sich zu Herzen. Souverän meisterte sie hinfort hämische Bemerkungen. Sie perlten wie Wasser an ihr ab.
Mich allerdings überkamen fürchterliche Rachegedanken, wenn ein Lehrer sie ungerecht behandelte oder Klassenkameraden sie ärgerten: »Die knöpf ich mir aber mal vor!«, wütete ich dann nicht selten. Die Lehrer wollte ich verbal niedermachen, den Kindern Prügel androhen. Wie sie es überhaupt wagen konnten, Alexandra etwas anzutun? Ich plusterte mich ganz schön auf. Meist hatte mir Alexandra aber schon den Wind aus den Segeln genommen, bevor ich richtig loslegen konnte. »Mami, wenn du mit den Lehrern schimpfst, hab ich bei denen ganz verschissen. Die rächen sich dann an mir.« Ich konnte und wollte nicht glauben, dass man sich an einem so fairen und lieben Kind rächen könnte. Aber Lehrer sind ja auch nur Menschen, um diese Plattitüde wieder einmal anzuwenden. Darüber hinaus hatte ich

auch nicht das überragende diplomatische Geschick meiner Mutter geerbt, die alle Leute um den Finger wickeln konnte; und Zeit, mein Gegenüber auf Schwächen abzuklopfen und damit zu manipulieren, hatte ich auch nicht.

Dem Kapitel Drogen haben wir, wie sicherlich alle Eltern, mit Grauen entgegengesehen. Alexandra hatte von uns nie irgendwelche Verbote auferlegt bekommen. Allerdings haben wir sie in intensiven Diskussionen und ausführlichen Gesprächen immer wieder auf mögliche Gefahren aufmerksam gemacht, um ihre Eigenverantwortung anzuregen. Entscheiden musste sie letztlich selbst. Sie erzählte uns deshalb auch ganz offen, dass an allen ihr bekannten Schulen Kleinstdealer jede Art von Drogen anböten, zum Einstieg auch noch sehr preiswert. Die Lehrer waren dagegen machtlos.
In Diskotheken wurde ein ganz gemeiner Trick angewendet, um Jugendliche abhängig zu machen: Dealer schütteten ihnen einfach heimlich etwas in den Drink. Alexandra hatte einen Wink bekommen und trank ab diesem Zeitpunkt nur noch aus kleinen Flaschen, die sie vorne in den Gürtel steckte und auch nicht zurückließ, wenn sie zur Toilette musste. »Mami, ich schwöre dir, ich habe noch kein einziges Mal irgendeine Droge ausprobiert. Das Zeug brauche ich einfach nicht, um gut drauf zu sein«, versicherte sie mir. Ich vertraute ihr grundsätzlich. Sie hat mich nie angelogen.

»Du denkst dir nichts dabei; ich aber soll immer denken.«

In der Schule tat Alexandra sich nicht immer leicht. Einmal stand sogar fast eine Ehrenrunde zur Diskussion. Ihr Vater wollte sie trösten: »Wir nehmen dich einfach ein ganzes Jahr aus der Schule. Anschließend machst du da weiter, wo du aufgehört hast«, schlug er vor. »Noch ein Jahr mehr«, stöhnte seine Tochter. »Dann kämpfe ich mich lieber gleich durch.« Das tat sie dann auch. Sie verstand es, sich durchzubeißen, und arbeitete stundenlang in ihrem Almhäusl den zu erwartenden Stoff für das Abitur durch.

Lange überlegte ich, was ich ihr zum hoffentlich bestandenen Reifezeugnis schenken könnte. Endlich hatte ich die »gottseidankste« Idee. Ich hatte ja von Alexandras ersten Sätzen an ihre Sprüche gesammelt und in einem kleinen Ringbuch sorgfältig notiert. Wenn ich unterwegs war, telefonierte ich regelmäßig mit Püppchen, die mir ihr gesamtes »Tagwerk« schilderte, und sammelte auch auf diesem Weg ihre phantasievollen Kinderansichten. Später, als Alexandra schreiben gelernt hatte, kamen ihre Briefe hinzu.

Püppchens Sprache war besonders ergiebig, weil sie von niemandem gehindert wurde, ihre Kinderansichten spielen zu lassen. Auch hier musste man nichts fördern, es sprudelte nur so aus ihr heraus. Kummer, Schmerz und seelische Nöte wurden von ihr offen beschrieben und so wahrscheinlich auch abgebaut. Ihre »goldenen

Worte« fasste ich zu einem kleinen Buch unter dem Titel »Alexandras starke Sprüche« zusammen und schenkte es ihr zum – natürlich bestandenen – Abitur.

Alexandra konnte sich gar nicht vorstellen, dass das alles von ihr stammen sollte. Von Zeit zu Zeit nahm sie das Büchlein zur Hand und musste über manchen Text so lachen, dass ihr die Wimperntusche in schwarzen Bächen über das Gesicht lief.

Einmal allerdings gab es auch einen kleinen, durch mich ausgelösten Wermutstropfen. Während der Abiturvorbereitungen wurde ich von der Schülerzeitungsredakteurin ihres Gymnasiums angerufen. Sie wollte über jeden Schüler etwas schreiben und fragte mich, ob ich nicht irgendetwas Originelles über Alexandra beitragen könnte. Spontan fiel mir das Büchlein ein, und ich gab einige Zitate daraus weiter. Letzteres hätte ich besser bleiben lassen. Obwohl ich mich gehütet hatte, auch nur annähernd »Intimes« an die Öffentlichkeit zu bringen, fühlte sie sich vor ihrem ganzen Jahrgang blamiert.

»Du hättest genauso gut aus meinem Tagebuch zitieren können, Mamski«, warf sie mir vor. »Dein Tagebuch kenne ich doch gar nicht, Mäuschen, und originelle Kindersprüche werden jeden Tag irgendwo gedruckt. Ich habe mir ehrlich nichts dabei gedacht«, entschuldigte ich mich. »Das ist es ja gerade. Du denkst dir nichts dabei, ich aber soll immer denken. Mami Leichtfuß«, setzte sie noch hinzu, offensichtlich beleidigt.

Die beleidigte Miene hielt aber bei ihr nie lange an. Wenn ich ein zerknirschtes Gesicht machte, maulte sie zunächst noch ein bisschen, dann hielt sie es nicht mehr aus und tröstete mich.

»Man soll einen Menschen nicht nach dem beurteilen, was er tut, sondern nach dem, was er nie tun könnte«, dozierte Alexandras Vater jede Woche mindestens ein Mal. Er hatte Recht, denn Alexandra war nicht fähig, ernsthaft Böses zu denken oder gar zu tun.

»Was willst du denn nach dem Abitur machen?« Diese Frage wurde natürlich von uns Eltern mehr als einmal gestellt. Ihr Vater hätte es gerne gesehen, dass Alexandra Medizin studiert. Es wäre in seiner Familie die vierte Generation von Ärzten hintereinander gewesen. Alexandra wollte nicht darauf einsteigen. »Schau, Papi, das biologische Gespür dafür hätte ich schon, glaube ich. Wenn aber einem Patienten etwas passieren würde – das müsste nicht einmal ein Kunstfehler sein –, ich könnte es nicht ertragen.«
»Du musst ja nicht gerade Chirurg werden, da ist die Gefahr größer, aber vielleicht Kinderärztin«, schlug er ihr vor. »Aber das wäre ja noch schlimmer, Papi. Wenn ein Baby oder Kind sterben würde, dann müsste ich mir die Kugel geben. Auch wenn ich gar nicht schuld an seinem Tod wäre.« Damit war die ersehnte Arztkarriere ad acta gelegt. »Bitte drängt mich nicht«, bat sie wiederholt, »ich muss mich selbst entscheiden, habe aber keinen blassen Dunst, bis jetzt jedenfalls nicht. Aber ich mache bestimmt nicht irgendwas mit Menschen!«
Sie bezog sich mit dieser Bemerkung auf einen TV-Bericht, in dem man junge Mädchen nach ihren Berufswünschen befragt hatte. Alexandra hatte sich über die »Touri-Tussis« mokiert, die unisono hilflos nach Worten gerungen hatten und wohl gerne gesagt hätten, dass sie Reise-

kauffrau werden wollten. Herausgekommen war jedoch nur jener aussagelose Satz »Irgendetwas mit Menschen«, den sie häufig und gern zitierte, wenn es darum ging, in noch nebulösen Berufswünschen herumzustochern.

Nach wochenlanger geistiger Schwangerschaft war dann endlich eine Idee in ihr gereift: »Ich studiere einfach das Gleiche wie du, Mami, dann hat die liebe Seele Ruh. Du hast ja selbst gesagt, welches Studium man auch immer durchzieht, ist egal. Ein Studium ist in erster Linie dazu da, dass man lernt zu lernen. Notfalls kann ich ja noch wechseln!« Damit musste ich mich zufrieden geben; wieder einmal war ich mit meinen eigenen Argumenten niedergebügelt worden.

Alexandra wählte also – aus reiner Verlegenheit, wie sie mir später manchmal vorhielt – fast genau meine Studienfächer, allerdings in anderer Reihenfolge.

Ihre: Kunstgeschichte als Hauptfach, Philosophie und Neuere Deutsche Literatur.

Meine: Philosophie als Hauptfach, Amerikanistik und Kunstgeschichte.

»Ich kann es mir leisten, Füßchen für Füßchen nach draußen zu gehen.«

Ein anderes Problem stand mit Beginn ihres Studiums vor mir wie ein Berg, den es zu überwinden galt: Alexandra brauchte eine Bleibe in München. Der Gedan-

ke, sie nicht mehr unter unserem »schützenden Dach«, und vor allem nicht mehr in meiner Nähe zu wissen, peinigte mich. Es erinnerte mich schmerzlich an die zweite Abnabelung, als ich mich an die unabänderliche Tatsache gewöhnen musste, sie mit der Schule teilen zu müssen.
Jetzt aber war sie neunzehn. Wir beide mussten daran denken – ich tat es, ehrlich gesagt, nicht gerne –, dass sie sich langsam ein eigenes Leben aufbauen wollte. Damals hatte sie einem Freund erzählt: »Bei mir ist es so: Mein Elternhaus, das ist ganz stark. Ich kann es mir leisten, Füßchen für Füßchen nach draußen zu gehen. Und wenn ich was nicht packe oder vor was Angst habe, renne ich einfach zurück.«
Ich war glücklich über die nach wie vor enge seelische Bindung, habe es mir aber verkniffen, Situationen herbeizusehnen, in denen sie hätte zurückrennen müssen.
Ein eigenes Leben also – das hieß auch: die erste eigene Wohnung.
Alexandra war bei ihrer Wohnungssuche aufgeregt glücklich. Direkt im Herzen von München, in der Fußgängerzone am Marienplatz, hatte unser Freund Poldi über Bekannte eine entzückende kleine Wohnung aufgetan. Sie lag direkt unter dem Dach, allerdings gab es im Haus keinen Aufzug. »Die mit der Treppe tanzen«, hätte man unseren Einzug überschreiben können, denn es galt dreiundneunzig Stufen zu überwinden, und ich half Alexandra beim Schleppen. Bettrahmen, Matratzen, Bettzeug, Lampen, Kochgeschirr, Badeutensilien, Kleider, Bücher, et cetera, et cetera. Mehr als hundert Mal sind wir auf- und wieder abgestiegen.
Das voll beladene Auto stand derweil mitten im absolu-

ten Halteverbot, mit Argusaugen bewacht von einem verständnisvollen Ordnungshüter, der uns eigentlich ein Knöllchen hatte geben wollen. Er konnte es gar nicht fassen, dass diese beiden weiblichen Wesen keine männliche Hilfe hatten. Selbst Hand anlegen wollte er aber auch nicht. »Ich hüte ja schon euer Auto«, grinste er.
Irgendwann war auch das geschafft. Über der ganzen Arbeit und angesichts der kuscheligen Wohnung hatte ich aber ganz vergessen, dass das Haus am Abend und über Nacht menschenleer war. Es gab – neben der einzigen Wohnung unter dem Dach – lediglich Büros. Nach Dienstschluss hätte ein übel wollender Mensch mühelos, vor allem ungestört über Alexandra herfallen können. Panik ergriff mich, wenn ich daran dachte, dass jemand mein Kind durch die nächtens menschenleere Fußgängerzone verfolgen, sie ins Haus drängen und sonst was mit ihr hätte anstellen können. Ich konnte die vorher so begehrenswerte Wohnung plötzlich nicht mehr ausstehen und malte mir im Geist die grässlichsten Szenarien aus.
Alexandra hielt es schließlich, aus ähnlichen Erwägungen, auch nicht mehr dort aus. Mir machte es überhaupt nichts, dass wir die Schlepperei in umgekehrter Richtung nur kurze Zeit später wiederholen mussten. Jede Treppenstufe signalisierte Erleichterung.
Alexandra zog während ihres Studiums einige Male um: aus dem Herzen Münchens nach Schwabing und von dort in eine Wohnung am Waldfriedhof. Letztere hat ihr, wie sie mir später verraten hat, am besten gefallen, weil sie nicht zuletzt in zehn Minuten bei uns zu Hause sein konnte. Sie wusste schon zu schmeicheln, und ich habe es immer wieder genossen.

*Alexandra mit dreiundzwanzig
bei einer Reportage für München*

Genauso gefragt war aber konstruktive Kritik zwischen uns beiden, und das galt vice versa. Wir hatten uns gegenseitig versprochen, Macken und Marotten, die sich bei jedem Menschen einschleichen, oder sich zumindest einzuschleichen drohen, sofort zu besprechen. Jeder von uns beiden wurde dabei das Recht zugestanden, erst einmal verärgert zu sein, aber wir wollten auch über die Kritik nachdenken.

Anfangs versuchte Alexandra, unser Agreement auch auf ihren Vater auszudehnen – ohne Erfolg. Väter, so glaube ich jedenfalls, meinen wohl, sich etwas zu vergeben, wenn sie kritisiert werden – selbst dann, oder vielleicht erst recht dann, wenn die Kritik von erwachsenen Töchtern kommt. Es kratzt an ihrem männlichen Selbstverständnis und damit an ihrer Selbstsicherheit. Sie können selbst nichts dafür, denn sie wurden von ihren Müttern in den Klischees ihrer angeblichen Männlichkeitsrolle erzogen und auf ein Podest gestellt. Ich habe oft darüber nachgedacht, warum sich dies selbst in unserer aufgeklärten Zeit so hartnäckig hält.

Alexandra lebte schon früh die Selbstständigkeit, die ich mir erst im Laufe meines Lebens mühsam hatte aneignen müssen. Die Abnabelung vom Elternhaus wurde ihr auch dank der besseren Kommunikationsmöglichkeiten einfacher gemacht, so dass sie nicht unter dem Existenz bedrohenden Heimweh leiden musste, das ich noch erlebt hatte. Während ich auf eine Mitfahrgelegenheit und das Handy noch auf seine Erfindung warten musste, setzte sich Alexandra ins Auto und fuhr die dreißig Kilometer nach Hause, wenn sie ihre »Stimmungen« hatte.

Zudem traf sie in München viele Freunde wieder, die sie noch aus ihrer Starnberger Schulzeit kannte.

Sie liebte ihre Freiheit und wollte während ihres Studiums unbedingt selbst Geld verdienen. Ich empfahl ihr das Fernsehen, denn dort konnte man Hilfskräfte immer gebrauchen. Ihr Job als »Bauchbindenmaus« war »sauanstrengend«, wie sie sagte, aber er hat sich gelohnt, wenn auch nicht finanziell. Sie lernte viel dabei.

Die »Bauchbindenmäuse« – es gibt übrigens auch männliche – sind dafür verantwortlich, dass der Moderator einer Sendung zusätzliche Informationen von den Reportern bekommt, die die Berichte für die jeweilige Aufzeichnung vorbereitet haben. Da diese möglichst aktuelles Material brauchen, hasten sie meist im letzten Moment in den Sender, um ihre Filme zu schneiden, und sind entsprechend nervös. Deshalb bekommt dann meist die Bauchbindenmaus, die gezwungen ist, ihnen Fragen zu stellen, »ihr Fett ab«. »Du störst gerade«, ist noch das Mildeste, das die Hilfskraft gewöhnlich hört.

Doch davon darf sie sich nicht abschrecken lassen, denn auf der anderen Seite wartet bereits der Moderator ungeduldig auf den Filmtext, denn er will ja keine »Dublette«, sprich, nicht genau das schreiben, was der Reporter in seinem Bericht sagen will. Außerdem müssen die Namen der Interviewten und deren genaue Berufsbezeichnung sorgfältig notiert werden, damit sie später richtig eingeblendet werden können. Diese Einblendung nennt man im TV-Jargon »Bauchbinde«. Und wenn etwas schief läuft, ist natürlich immer die »Bauchbindenmaus« schuld. Man muss also in diesem Job höllisch aufpassen.

Überhaupt: »Learning by doing« ist das A und O beim

Fernsehen. Viele inzwischen bekannte Moderatoren haben ihre Karriere als »Bauchbindenmaus« begonnen. Auch Alexandra erlebte hier eine harte Schule, die sich aber auszahlte. Sie meisterte nicht nur diese Aufgabe mit Bravour, sondern auch ihr Studium.

»New York ist doch ganz etwas anderes! Da tobt das Leben.«

Im dritten Semester kam Alexandra mit einer seltsamen Idee nach Hause. Sie wollte in die USA reisen, was ich noch gut verstehen konnte; allerdings sollte nicht ihr fester Freund sie begleiten, sondern ein Kunststudent. Das verwunderte mich schon. »Und warum kommt nicht dein Freund mit?«, fragte ich erstaunt. »Der hat kein Geld, sagt er jedenfalls. Und ich will unbedingt einmal nach Amerika, ich kenne es überhaupt nicht. Ich möchte mir ein eigenes Bild von dem Land machen. Wir fliegen nach New York, nehmen uns dort einen Leihwagen und fahren bis Key West.« – »Und wie lange soll das gehen?«, fragte ich fassungslos. »So drei Wochen haben wir uns gedacht.«
Es wurde geplant und organisiert. Der Termin rückte näher. Bis dato kein Protest von ihrem Freund, was mich nicht wenig wunderte. Vielleicht war er zu stolz, zu zeigen, dass er litt? Alexandra selbst schien jedenfalls überhaupt nicht zu leiden, sie war im Gegenteil fröhlich

Alexandra, wie sie sich am liebsten sah!

aufgeregt. Ich riet ihr zu Travellerschecks für die große Reise, für den Fall, dass sie beklaut werden sollten. Kein schlechter Rat, wie sich noch herausstellen würde.

Dann kam der Morgen, an dem sie abfliegen sollten. Ihren Reisebegleiter hatte ich zuvor noch nie gesehen, ich wusste nur, dass er aus so genanntem »gutem Hause« stammte. Ich gebe zu, dass ich dann doch ein wenig baff war. Vor mir baute sich ein Bild von einem Mann auf, sein volles braunes Haar hatte er im Nacken zusammengebunden, seine braunen Augen strahlten. Seine Haut schimmerte fast olivfarben. Er begrüßte Alexandras Vater und mich formvollendet. Allerdings fragte ich mich verwundert, was der sichtlich schwere Rucksack auf seinem Rücken zu bedeuten hatte.

Er schien meinen Blick bemerkt zu haben: »Da sind Müslis drin, meine Mutter hat darauf bestanden. Gestern Nachmittag hat sie stundenlang Trockenobst geschnipselt, unter die Flocken gemischt, und dann alles in Gläser verpackt.« Ich sah schwarz für die Müslis, weil ich wusste, dass sie in New York keinesfalls durch den Zoll kommen würden, und zehn bis zwölf Müslis würde er während des Fluges wohl nicht verdrücken können.

Zu meinem Erstaunen hatte sich auch Alexandras Freund morgens bei uns eingefunden, ein ebenfalls ausnehmend hübscher Kerl. Er wollte sich vor der abenteuerlichen Reise von ihr verabschieden. So fuhr ich, ich werde es mein Leben lang nicht vergessen, mit Alexandra und ihrem Begleiter los, dicht gefolgt von ihrem Freund in seinem eigenen Wagen. Am Autobahnende winkte er und verschwand im Trubel der Großstadt. Kein Tränchen in Alexandras Auge, nicht einmal eine

Spur von Traurigkeit. Stattdessen überlegte sie, was sie womöglich vergessen hatte.

Wir waren am Münchner Flughafen angekommen. Alexandra reiste mit kleinstem Gepäck, da sie sich nicht belasten wollte. Bei ihrem Begleiter sah das schon anders aus; schuld daran waren in erster Linie die vielen Müslis. Ich hatte während der kurzen Fahrt den Eindruck gewonnen, dass mein Kind eher diesen kindlich wirkenden Mann beschützen müsste als umgekehrt. Mein Herz wurde schwer. Der große Junge schüttelte inzwischen – ganz ungeniert vor allen Leuten – seine Haarpracht über den Kopf und bändigte sie erneut mit einem Band. Ich nahm Alexandra in den Arm: »Versprich mir, Mäuschen, dass du nichts Gefährliches machst!« – »Verspreche ich dir, Mami, und ich halte es auch, wie du weißt.« Weg waren sie.

Über den Wolken wurde als Erstes Milch geordert, natürlich für die Müslis. »Ich darf Sie darauf aufmerksam machen«, mahnte die Stewardess, »dass Sie so etwas nicht in Amerika einführen dürfen.« Dieser Hinweis hatte zur Folge, dass Alexandras Begleiter auf dem langen Flug unentwegt und unermüdlich seine zehn bis zwölf Portionen Müsli mümmelte, um nichts an Bord zurückzulassen. Zudem hatte er ja seiner Mutter versprochen, alles aufzuessen. Alexandra war von den »Perpetuum-Mobile-artigen« Kaugeräuschen neben ihr genervt, auf Dauer waren sie schwer zu ertragen. Auf diese Weise kamen sie dann allerdings in New York problemlos durch den Zoll.

Das erste Hotel muss ärmlich gewesen sein. Ich hatte allerdings für die ganze Reise auf Doppelzimmer bestanden. »Weiß man, ob nicht so ein durchgeknallter Typ in der Nacht in dein Zimmer kommt und dir was antut?« Ich war wie immer misstrauisch und besorgt. Sie schliefen, wie mir beide später erzählten, grundsätzlich in Jogginganzügen auf Kingsize-Betten, die genügend Platz boten.

Einmal kamen sie sich im Schlaf trotzdem zu nahe. Daraufhin erschraken beide dermaßen, dass sie in panikartiger Gegenbewegung auf ihrer jeweiligen Seite aus dem Bett purzelten und auf dem Holzboden aufschlugen. Davon wurden sie wach. Zum Glück nahmen sie es mit Humor. Ich aber habe es lange Zeit nicht glauben wollen, dass ein attraktiver junger Mann mit einer schönen Frau zusammen drei Wochen lang Nacht für Nacht im Bett liegen kann und beide die Gelegenheit nicht nutzen. Mir wäre das nicht passiert. »Du bist ja auch ein Feger«, sagte Alexandra später zu mir, als sie mir die Geschichte erzählte.

Eines Morgens, sie waren auf dem Weg in südlichere Gefilde, hatte Alexandra in weiser Voraussicht und natürlich mit dem Einverständnis ihres Begleiters die Flugtickets und sämtliche Travellerschecks an sich genommen. Er hatte lediglich Bargeld für den Tagesbedarf bei sich und wollte an den Strand. Dort machte sich ein junges Mädchen an ihn heran. Nach kurzem Wortspiel küsste er sie, und schon war sein Rucksack, der hinter ihm gelegen hatte, verschwunden. Alexandra machte ihm später Vorwürfe, wie er nur so gutgläubig und leichtsinnig sein konnte. Er schwor, in Zukunft besser aufzupassen.

Auf dem Weg nach Key West gerieten sie zu allem Überfluss in einen fürchterlichen Sturm, und das ausgerechnet auf einer endlos langen Brücke, die auf Stelzen ins Meer gebaut ist. Die Brücke schlingerte bedenklich, und in Panik verließen die Menschen – wie auch unsere beiden Weltenbummler – ihre Autos, um im Falle eines Ein- oder Absturzes nicht in ihren Blechgefängnissen ertrinken zu müssen. Man riet ihnen, sich am Brückengeländer festzubinden und auf jeden Fall in der Nähe ihres Wagens zu bleiben. So schnell aber, wie der Sturm gekommen war, verschwand er auch wieder. Die beiden nahmen es locker.

Auf dem Rückweg von Key West nach New York besuchten sie Washington. Alexandra hatte sich die Stadt, in der Weltpolitik gemacht wird, anders, in jedem Fall aufregender vorgestellt. »Das ist eine reine Beamtenschlafstadt, kühl und unzugänglich«, erzählte sie mir am Telefon. »Man fühlt sich hier gottverlassen. New York ist doch etwas ganz anderes! Da tobt das Leben.«

Von der Stadt aus, die niemals schläft, wollten sie auch wieder nach Hause fliegen. Alexandra freundete sich am letzten Tag ihrer Reise noch mit zauberhaften schwarzen Kindern an, die in der Sommerhitze unter den spritzenden Hydranten in den Straßen ihr Vergnügen hatten. Diese wiederum fuhren entzückt mit ihren Fingern durch Alexandras lange blonde Haare und schwärmten: »So schön glatt!«

Der Kindmann als Reisebegleiter hat Alexandra, wenn auch unwissentlich, doch einmal in Gefahr gebracht. Sie hatte zwei Karten für ein Gospelkonzert in Harlem ergattert. Er hatte eine andere Verabredung. Die Karten verfallen lassen wollte sie auch nicht. Also machte sie sich

im Taxi auf den Weg in die berühmte Riverside Church. Sie war die einzige Weiße unter Hunderten Farbigen und saß zu allem Überfluss in einer der vorderen Reihen. Herzklopfen!
Würde sie angefeindet, womöglich rausgeschmissen werden?
Nichts von alledem. Als der Gospelchor begann, musste sie weinen. Und plötzlich reichte eine schwarze Hand neben ihr ein riesengroßes Taschentuch zum Schnäuzen hinüber. Die Hand gehörte zu einer Frau von ungeheuren Ausmaßen. Und als Alexandras Tränen nicht enden wollten, nahm sie mein Kind einfach in den Arm, bettete es an ihren wogenden Busen und wiegte es hin und her.
Später besorgte sie ihr auch noch ein Taxi, denn »es ist gefährlich für eine weiße, blonde Frau allein in Harlem und auch noch bei Nacht«, meinte sie fürsorglich.
So landete Alexandra nach ihrem unvergesslichen Erlebnis wohlbehalten im Hotel und musste mich gleich anrufen, um mir alles zu erzählen.

»Was nicht ist – ist nicht, das ist meine Maxime.«

Wenige Jahre später, im August 1992, flogen Alexandra und ich zu Fotoaufnahmen nach Florida. Am Flughafen München trafen wir eine junge Fotografin und ihren Freund, der ein bisschen Assistent spielen sollte. Nach einem ruhigen Flug, auf dem wir alle ziemlich albern waren, landeten wir in Miami. Ein Traumhotel, direkt am Strand, sollte unser Domizil für die nächsten vier Tage sein.

Gleich nach dem Auspacken machten wir uns an die Arbeit. Für Alexandra und mich hieß das Schminken, Klamotten anziehen und auf zur Location, wo die Fotos gemacht werden sollten. Allerdings wussten wir zunächst gar nicht, wohin wir gehen sollten.

Normalerweise werden schon Wochen vorher die jeweiligen Orte reserviert und Genehmigungen dafür eingeholt; bei uns war das verschlafen worden. Neue Genehmigungen vor Ort einzuholen hätte uns unendlich viel Zeit gekostet, und wir fürchteten, unser Mammutprogramm so nicht zu schaffen. Also nahmen wir zunächst die prächtige Penthouse-Suite unseres Hotels ins Visier. Danach beschlossen wir, uns selbst Orte mit dekorativem Hintergrund zu suchen.

An der unglaublich schönen Fassade einer Bank wurden wir fündig. Im Auto – einem großen Ami-Schlitten, den wir geliehen hatten – zogen wir uns um, stiegen aus, legten noch ein bisschen Modeschmuck an und los ging es. Wir stellten uns in Positur, die Kamera klickte für die ersten Fotos. In diesem Augenblick stürmte aus dem Bankeingang ein Gun-Man, die Maschinenpistole im Anschlag. Wir hörten noch was von: »Fucking …«, und dass er uns Beine machen wollte, sonst … Drohend zielte er mit dem Schießeisen auf uns. Wir wussten bis zu diesem Moment gar nicht, dass wir so schnell sein konnten: Binnen Sekunden hatten wir unsere Requisiten und uns wieder im Auto verstaut und braust aus der Gefahrenzone davon.

Nach kurzer Diskussion entschieden wir, in das berühmte Art-déco-Viertel in South Beach zu fahren, aber auch hier ging ohne Dreh- oder Shooting-Erlaubnis gar nichts. So kam es, dass wir ziemlich ziellos durch Miami irrten und immer weiter ins Hafenviertel gerieten. Davor aber hatte man uns eindringlich mit eindeutigen Zeichen gewarnt, die so viel wie »Kehle durchschneiden« hießen. Wir wollten es in unserem Übermut nicht wahrhaben und flirteten ausgiebig mit obskuren Gestalten, denen wir ein paar Dollar zuschoben, wenn sie uns halfen, Fotolampen aufzustellen. Die Geschichte entbehrt insofern der Spannung, als letztlich überhaupt nichts passiert ist. Am Abend hatte sich unser Abenteuer im Hotel rumgesprochen: »Haarsträubend, diese Story«, meinte der Hoteldirektor kopfschüttelnd. »Reiner Zufall, dass nichts passiert ist!« – »Siehst du, Mami, es passiert nur etwas, wenn man immer ängstlich ist«, sprach Alexandra das Wort zum Sonntag. Trotzdem beschlossen wir, in Zukunft vorsichtiger zu sein.

Am nächsten Tag verließen wir die Hotelanlage nicht, denn auch dort gab es, wie wir feststellten, genügend Motive, die sich als Kulisse eigneten. Wir machten Aufnahmen im Palmengarten, an der Bar und am Pool und auf unserer Dachterrasse mit Blick über den karibisch blauen Atlantik. Im Gegenlicht gelangen uns wunderschöne Fotos. Ein bisschen heiß war uns allerdings schon dabei, vor allem standen wir in Herbstklamotten mit Strümpfen vor der Kamera. Wir hatten Schwierigkeiten, sie über unsere schweißnassen Beine zu streifen, und flüchteten immer wieder in die eisige Kälte des Hotels, wo die Klimaanlage auf Hochtouren lief. »Morgen sind wir todkrank«, unkten wir alle vier, verzichten aber wollten wir nicht auf die wohltuende Kühle.

Am nächsten Tag waren die Everglades angesagt. Es sollte also noch heißer werden, wie in einem Brutkasten. Unser Riesenprogramm hatten wir einmütig zusammengestrichen: »Was wir schaffen, schaffen wir. Aber quälen wollen wir uns nicht«, sagten wir uns.

Nach einer abwechslungsreichen zweistündigen Fahrt durch Ödland, vorbei an Tankstellen, Töpferständen, McDonalds oder Burger King – dieses reizvolle Ensemble begleitete uns ein paar hundert Mal auf der Strecke – hatten wir endlich Natur im Blick. Es war überwältigend!

Unzählige Bootsführer, mit großem Luftmotor auf dem Schiff, boten uns ihre Dienste an. Wir entschieden uns für einen Indianer und hatten, wie sich kurz darauf herausstellte, eine gute Wahl getroffen. Die Everglades zu beschreiben, haben schon zig Menschen – und begabtere – vor mir versucht. Auch unser Bootsführer, der ja hier zu Hause war, schien immer noch oder immer wieder fasziniert. Er zeigte uns brütende Alligatorenweibchen, die in diesem Zustand äußerst reizbar sind, Wasserschlangen und Riesenlibellen. Alexandra war immer schon begeisterungsfähig, aber diese Fahrt auf dem Boot schien alles bisher Erlebte zu übertreffen.

Unser Indianer, der ja – im Gegensatz zu uns verkorksten Zivilisationsmenschen – alle seine Sinne noch beisammen hatte, stellte uns später »die Nacht unseres Lebens« in Aussicht. Er hatte, mitten in den Everglades, eine Insel von schätzungsweise dreihundert Quadratmetern angelegt. Sie bildete eine kleine Anhöhe, ringsum hatte er Bänke aufgestellt und eine Minihütte gebaut. An strategisch wichtigen Punkten wurden in der Nacht Feuer angezündet, um Alligatoren, Schlangen, aber auch Krabbelviecher abzuschrecken. Er lud uns ein, eine Nacht dort zu verbringen. »Ihr braucht nur Schlafsäcke und Mückenmittel, eventuell auch Proviant. Aber nur, wenn ihr wollt!« Das wollten wir uns nicht entgehen lassen. Wir beschlossen, am nächsten Abend mit dem Notwendigen ausgerüstet zurückzukehren, auch wenn eine weitere Zweistundenfahrt mit besagten zauberhaften Ensembles von Ödland, Tankstelle usw. zu überwinden war.

Zunächst einmal kehrten wir an diesem Abend aber zurück nach Miami, um Schlafsäcke zu kaufen. Wir aßen am Ocean Drive zu Abend, wo uns der Kellner nach dem Hauptgang einen übersüßten Nachtisch servierte, den niemand von uns essen konnte. Als wir ihn stehen ließen, kritisierte er: »Oh, oh! Wenn man sein Dessert nicht aufisst, kommt zur Strafe der Wirbelsturm. Wisst ihr das denn nicht?«, unkte er. »Mach keine Witze, das Zeug kann man nicht essen«, wehrten wir ab. »Dann beeilt euch, ins Hotel zu kommen.« Er wirkte etwas hektisch. »Wir nageln jedenfalls nach dem letzten Gast hier alles mit Brettern zu. Im TV hat man gesagt, es braut sich ein ungeheurer Wirbelsturm über dem Atlantik zusammen. Es kommt natürlich auf die Geschwindigkeit und die Richtung an, die er nimmt. Es sieht nicht gut aus, sage ich euch nur.« Das klang ernst, vor allem aus dem Mund eines Einheimischen.

Als wir ins Hotel zurückkehrten, war dort schon die Hölle los. »Wir müssen Sie bitten zu packen«, sagte der

Portier. »Und oben bei Ihnen im Penthouse ist es auch zu gefährlich. Wenn der Hurrikan über Miami kommt, versagen als Erstes die Aufzüge. Sie müssten dann über die Feuerleiter absteigen. Und mit Ihren Koffern wird Ihnen das nicht gelingen. Wir schlagen vor, das Gepäck schon unten zu deponieren. Am besten, Sie legen sich voll bekleidet aufs Bett und warten die Nachrichten ab. Wir rufen Sie an, wenn es brenzlig wird.« Das waren ja gute Aussichten! »Und, was sollen wir dann tun?«, fragten wir den Hoteldirektor. »Ich habe Ihren Leihwagen voll tanken lassen, was nicht so einfach war in dieser Situation. Ich sage Ihnen noch die Richtung, die der Sturm nimmt. Wahrscheinlich müssen Sie nach Norden fahren, nach Orlando.«

»Und was ist mit der Hotelrechnung?«, wollte ich wissen.

»Wenn Andrew (so hieß der Hurrikan) hier alles zerstört, ist es eh wurscht. Wenn nicht, dann haben wir ja Ihre Adresse und schicken sie Ihnen zu. Und jetzt wünsche ich eine einigermaßen geruhsame Nacht.« Wie tröstlich.

Alexandra und ich lagen auf unserem Kingsize-Bett, ein Luxus, der uns jetzt wenig interessierte, und hörten Nachrichten, Schreckensnachrichten.

Die Menschen sollten vorsorglich ihre Swimmingpools leeren und Pferde und Kühe darin unterbringen. Hunde gehörten mit genügend Futter in den Keller, Katzen sollte man laufen lassen, sie wüssten instinktiv am besten, wo es sicher sei. Menschen sollten in die Shelter kommen, das sind öffentliche Notunterkünfte, die einigermaßen Schutz bieten. Fünfhundert Menschen in einem Kirchen-

raum oder einer Mehrzweckhalle mit nur wenigen Toiletten und kaum Waschgelegenheiten – mich ekelte.
Irgendwann, der Morgen graute schon, kam der Anruf von unten: »Es ist so weit. Richtung Orlando müssen sie.«
Wie heißt es doch in einem viel zitierten Gedicht?

Der Morgen und das Grauen
Die sind sich sehr verwandt.
Drum wird ja auch der Morgen
Das Morgengrauen genannt.

Dieser Morgen war danach. Ohne Frühstück – auch die Köche fürchteten schließlich um ihr Leben – machten wir uns auf den Weg. Der Sturm hatte inzwischen gewaltig zugelegt. Einen Lastwagen samt Zugmaschine hatte es auf ein Flachdach geweht, ein Bild, das ich nicht vergessen werde. Welche Kräfte hatte doch die Natur. Für uns war es ein eindringliches Zeichen, dass es höchste Zeit war aufzubrechen. Nichts wie weg, ehe der Wirbelsturm uns packt.
Alexandra erwies sich – wie so oft, wenn es wirklich brenzlig wurde – als Nothelfer oder besser Schutzengel. Sie verhinderte damals, dass wir alle in Panik gerieten. Verfolgt vom bis dahin schlimmsten Wirbelsturm in den USA, drohten wir, den Überblick zu verlieren. Wir wussten lediglich, dass wir nach Norden fahren sollten. Das Radio brachte minütlich neue Schreckensnachrichten.
»Wären wir doch besser in einem der vielen Shelter geblieben«, meinte ich schwach. Darauf Alexandra: »Das hättest du aus hygienischen Gründen nicht durchgehalten, Mami.«

Die Strecke zog sich und zog sich. »Wir müssten längst in Orlando sein«, dachte ich ungeduldig. Die angegebenen zweihundertfünfzig Meilen hatten so beruhigend gewirkt. In Wirklichkeit handelte es sich dabei um vierhundert Kilometer, was wir in der Aufregung völlig übersehen hatten.

»Der Sturm lässt etwas nach«, behauptete Alexandra, um uns Mut zu machen. Sie wollte uns darauf vorbereiten, dass wir bald eine Tankstelle anfahren mussten, weil wir kein Benzin mehr hatten. Schlangen von Menschen reihten sich an allen Zapfhähnen Floridas, alle mit Benzinkanistern oder sogar Badewannen bewaffnet. »Lass mich mal machen!« Alexandra schnappte sich unseren Kanister und stellte sich ins vordere Drittel der Wartenden. Zu unserer Verblüffung ließ man sie ganz selbstverständlich nach vorne. »Was hast du denen gesagt?«, wollten wir wissen. »Ganz einfach. Ich habe gesagt, da liegt meine Mutter im Auto mit einem Herzanfall. Wir müssen sie dringend zu einem Arzt bringen. Sorry, Mami. Notlüge!«

Der Hurrikan hatte sich zunächst für Mexiko entschieden, konnte jedoch jederzeit die Richtung wieder ändern. »Wir müssen uns irgendwo eine Raststätte oder ein Hotel suchen. Weiterfahren wird gefährlich, weil wir alle so müde sind. Aber Bruchbuden oder Sperrholz-Etablissements kommen nicht in Frage«, beschlossen wir.

Es dämmerte bereits, als wir uns endlich Orlando eroberten. Wir hatten nur noch einen Wunsch: Jetzt das nächste solide gebaute Hotel anfahren, duschen und etwas essen – notfalls hätten wir uns sogar mit Hamburgern zufrieden gegeben. Wir fuhren auf ein hell beleuchtetes Haus zu. Aber was uns so lieblich herbeizuwinken schien, war kein Hotel, sondern ein Altersheim. Nach der zwanzigsten oder dreißigsten Seniorenresidenz mussten wir entnervt aufgeben. Hierher schien sich bislang kein Tourist verirrt zu haben. Also auf nach Disneyland!

Ich hatte mich bisher standhaft geweigert, auch nur in die Nähe dieses Vergnügungsparks für Kinder und kindisch Gebliebene zu kommen, jetzt aber erschien er mir wie ein Paradies. Vor allem die beruhigende Notiz in unserem Reiseführer, dass Disneyland über 47.000 Betten verfüge, stimmte mich versöhnlich. Da sollte doch wenigstens eines für uns frei sein!

Zunächst aber nahm uns der überwältigende Kitsch gefangen. Heile Welt, wohin man schaute. Wir baten im ersten Hotel um eine Übernachtungsmöglichkeit. »Zwei Doppelzimmer? Ausgeschlossen, alles besetzt. Andrew, wissen Sie.« Auch das nächste Hotel: Absage. Es waren also eine ganze Menge Leute rechtzeitig in den Norden geflohen. Nachdem wir zum zwanzigsten Mal abgeblitzt waren, machte ich einem Hoteldirektor – etwas geschwächt schon, wie er sehen konnte – den Vorschlag, für uns einige seiner Kollegen anzurufen, damit wir uns eine weitere Rundfahrt ersparen konnten. Das tat er höflicherweise, allerdings mit einem vernichtenden Resultat: Nichts frei. Erst jetzt konnte ich die Herbergssuche der hochschwangeren Maria mit ihrem verzweifelten Josef in ihrer ganzen Tragweite begreifen. Wir hatten lediglich den Vorteil, dass es bei uns nicht bitterkalt war und wir nicht kurz vor einer Niederkunft standen.

Trotzdem wurde ich rabiat: »Wenn Sie gar nichts finden«, sagte ich zuckersüß lächelnd, »werden wir in Ihrer Halle übernachten und in Ihren wundervoll weichen, großen Sofas schlafen. Ein Sessel tut es natürlich auch. Morgens werden wir in Ihrem Wellness-Bereich duschen, dann üppig frühstücken, und dann sehen wir weiter. Und jetzt auf zum Dinner.«
»Aber das geht auf keinen Fall«, protestierte der Hoteldirektor.
»Sie werden schon sehen, dass das geht.« Ich lächelte immer noch. »Unser wertvolles Foto-Gepäck mit den teuren Kameras können wir natürlich nicht im Wagen lassen. Hätten Sie dafür ein sicheres Plätzchen?« Jetzt war der Direktor endgültig verzweifelt. Er protestierte nicht mehr, stattdessen sahen wir ihn eifrig telefonieren. Als ein erleichtertes Lächeln über sein Gesicht huschte, wussten wir, er war irgendwo fündig geworden: »In einem indonesischen Haus, gar nicht weit von hier, gibt es noch ein Zimmer mit Kingsize-Bett für Sie.« Wir schickten zunächst eine Vorhut dorthin, weil wir unserem »Gastgeber« nicht ganz trauten – vielleicht wollte er uns ja nur loswerden, und alles fing von vorne an. Wir konnten nicht mehr.
Aber alles war gut! Alexandra konstatierte mit Befriedigung, dass das indonesische Hotel aus dicken Holzbalken gebaut und mit überdimensional großen Stahlschrauben zusammengehalten wurde. »Das hält alles aus, auch Andrew!« Das Kingsize-Bett reichte locker für vier Dünne, wie wir sie waren. Jetzt verspürten wir nur noch das dringende Bedürfnis, zu duschen. Wir warfen eine Münze, wer zuerst ins Bad durfte. Das Fotografen-

pärchen gewann. Alexandra hatte das riesige Bett noch nicht berührt, da war sie schon in Tiefschlaf verfallen, die Aufregung und Verantwortung hatten sie erschöpft. Ich orderte derweil ganz pragmatisch eine neue Portion Badetücher. Als das Bad endlich frei wurde, rüttelte ich Alexandra wach. »Mäuschen: Duschen!« Wir konnten nicht genug bekommen. Mit dem Wasser perlten der ganze Staub und die ausgestandene Angst von uns ab.
»Und jetzt ein riesiges Dinner für den riesengroßen Hunger«, sagten wir uns. Aber wir hatten unser Fassungsvermögen total überschätzt. Wir waren so übermüdet, dass wir kaum das Besteck halten, geschweige denn das übliche Mitternachts-Feuerwerk richtig genießen konnten. Einfach nur schlafen – das erschien uns als das höchste der Gefühle.
Neben dem Hotel, unserem Bett, der Dusche und dem Essen gab es in dieser Nacht noch eine Steigerung, denn unter unserer Zimmertür wurde ein Zettel durchgeschoben: »Andrew hat nach Westen abgedreht. In Orlando und Umgebung höchstens Windstärke 3. Wir wünschen eine gute Nacht.« – »Lieb vom Hotel«, murmelten wir halb ohnmächtig und sanken in paradiesischen Schlaf.
Am nächsten Morgen wachte ich davon auf, dass Alexandra mit unserer Reiseagentur telefonierte. »Wir müssen zurück, meine Mutter hat TV-Termine. Irgendeinen Weg muss es doch geben.« Am anderen Ende stellte man sich stur: »Höhere Gewalt! Kein Platz im Flugzeug frei.« – »Das nennen Sie Kundendienst?« Alexandra wurde wütend. Sie muss der Agentur so eingeheizt haben, dass diese am Ende versprach, am nächsten Tag jemanden vorbeizuschicken. Am nächsten Tag – das

wurde knapp für mich. Ich hatte *Verkehrsgericht* beim ZDF, immerhin eine Sendung, die ich dreizehn Jahre lang lückenlos moderiert habe. Ich musste dort anrufen und Bescheid geben.

»Hauptsache ihr lebt und es geht euch gut. Machen Sie sich keine Sorgen. Notfalls übernimmt die Kollegin von *Ehen vor Gericht* für diesmal«, beruhigte mich der Chef vom Dienst. Sie schienen erleichtert, dass uns nichts passiert war, und mir fiel der berühmte Stein vom Herzen. »Das kommt davon, Mami, dass du nie nach Disney World wolltest. Jetzt bist du mittendrin und es ist doch schön. Findest du nicht? Und jetzt machen wir uns alle einen Traumtag«, schlug Alexandra vor.

Ich fand alles wunderbar, denn die Gefahr war vorüber, die Aufregung allerdings nicht. Das Hotel war nur für die eine Nacht frei. Wie wir es letztendlich geschafft haben, dass man uns gnädigerweise für eine weitere duldete, weiß ich nicht mehr. Ich weiß nur noch, dass ich Alexandra so dankbar war für ihre perfekte Organisation, dass ich mich sogar zum »Genuss« eines Cheeseburgers hinreißen ließ.

Ehrlich gesagt, hätte ich ihn am liebsten auf die Straße gespuckt. Das aber konnte ich ihr nicht antun. So schlenderten wir mit Mickey Mouse und Kollegen durch die Welt des schönen Scheins und stießen dabei auch auf Schloss Neuschwanstein, das in Disney World noch zuckriger nachgebaut wurde, als es in natura eh schon ist. »Stellen Sie sich für mich mal davor? Ich möchte ein Foto von Ihnen vor dieser wunderschönen Kulisse, Frau Schürmann«, bat uns ein älterer Herr auf unserem Spaziergang. »Touris aus Deutschland«, knurrte Alexandra.

»Das hat uns gerade noch gefehlt. Und du machst auch noch mit.« – »Das ist mein Publikum, also bin ich freundlich.« Ich stellte mich in Positur und lächelte. »Everybody's Darling is everybody's Depp«, das geflügelte Wort von Franz Josef Strauß, konnte Alexandra sich nicht verkneifen.

Als sie Jahre später selbst vor der Kamera stand, wurde gerade ihre Warmherzigkeit von allen Seiten gelobt. So weit war sie bei unserem Andrew-Abenteuer aber noch nicht.

Nachwehen, oder besser gesagt Auswirkungen des Hurrikans, reichten für uns übrigens bis nach Deutschland. Am nächsten Tag stand jemand von unserem Reisebüro in der Hotelhalle. »Wenn Sie es schaffen, in einer halben Stunde zu packen, kriegen Sie noch den Rückflug«, teilte er uns mit. Und wie wir das schafften, mitsamt unserem Fotogepäck.

Flughafen Orlando. Der Vertreter der Agentur bezahlte mit Barem in Dollar vier Flugtickets. So hatten wir die besseren Chancen mitzukommen, denn die Maschinen waren ausgebucht. Was er uns wohlweislich verschwiegen hatte: Wir mussten Orlando – New York, New York – Paris, Paris – München fliegen. Morgens gegen sechs Uhr sollten wir in München landen. Um acht Uhr hätte ich in Unterföhring in der ZDF-Maske sein müssen, um für die Sendung *Verkehrsgericht* geschminkt zu werden. Von Paris an ertappte ich mich dabei, dass ich alle zehn Minuten auf die Uhr schaute. An Schlaf war überhaupt nicht zu denken. Die Alltagshektik hatte mich wieder. Alexandra redete auf mich ein: »Als uns der Wirbelsturm am

Krawattl hatte, haben wir uns doch geschworen, dass Kleinstproblemchen und Banalitäten uns zukünftig kalt lassen, Mami. Hast du das so schnell vergessen?«
»Nein, Mäuschen, das nicht. Es ist eine Frage der Disziplin. Die nervt zwar manchmal, hat mir aber auch über so manches hinweggeholfen. Sie ist wie ein Korsett. Das ist anfänglich auch beengend, wenn man sich aber einmal daran gewöhnt hat, stützt es auch. Und Disziplin ist für mich eine innere Stütze.«
»Du machst es dir viel zu schwer, Mami, eine typisch deutsche Angewohnheit. Was nicht ist, ist nicht – das ist meine Maxime. Immer alles perfekt planen wollen, das kann es doch nicht sein, ein Leben lang. Niemand ist dir böse, wenn du nicht rechtzeitig da bist. Du hast doch in diesem Sinne mit der ZDF-Redaktion telefoniert.«
Ich fühlte mich getröstet und geborgen und kuschelte mich während des Fluges an Alexandras Schulter. Manchmal war es mir ein Bedürfnis, mich bei ihr anzulehnen, ein anderes Mal brauchte sie es. Die von Alexandra empfohlene »Leichtigkeit des Seins« und mein »inneres Korsett« waren eine seltsame, aber interessante Mischung, und wir haben uns beide wunderbar ergänzt. Ich bin heute noch dankbar dafür.
Um Schlag acht Uhr stand ich beim ZDF auf der Matte, meine Kollegin aber auch. Sie war erschrocken, mich zu sehen, und beteuerte, dass sie mir nichts wegnehmen wollte. Mit der frisch erworbenen alexandrinischen Weisheit: »Was nicht ist, ist nicht!«, und mit der ebenfalls von ihr empfohlenen Leichtigkeit, die Dinge zu nehmen, wie sie sind, beschloss ich, meiner Kollegin die erste Sendung zu überlassen. Die zweite habe ich am

Nachmittag, nach erfrischendem Schlaf, gut über die Runden gebracht.
Ich erinnere mich gerne an die Reisen mit Alexandra. Und der Hurrikan Andrew hat uns damals noch mehr zusammengeschweißt.

»Mit dem Fahrtwind auf dem Schiff geht es dir ganz schnell besser.«

Ähnlich war es auch bei unserer Thailandreise, wo mich ihr biologisches Gespür gerettet hat. Von klein auf wusste sie, was bei Alltagswehwehchen gut tat.
Die ARD-Fernsehlotterie *Die Goldene 1* hatte dreihundert Sieger und ein paar Promis eingeladen, einen Urlaub in Asien zu verbringen. Alexandra und ich durften auch mit. Nach langem, angenehmem Flug servierte man uns eine Stunde vor der geplanten Landung am Morgen ein Frühstück; frisch getoastetes Brot mit Öl und Knoblauch hatte es mir besonders angetan. Die Strafe folgte auf dem Fuß. Wenn ich eine Schwachstelle habe, dann ist es meine Galle. Das Gemisch aus Öl und Knoblauch ist fast tödlich für mich. Kurze Zeit später wurde mir schlecht. Alexandra merkte es sofort.
Lange Schlangen hatten sich vor dem Zoll am Flughafen gebildet, wir mussten eine Ewigkeit anstehen. Dreihundertzwanzig Augenpaare schienen auf mich gerichtet: Was hat sie nur? Kalter Todesschweiß auf meiner Stirn:

»Wo ist hier die nächste Toilette? Ich glaube, ich muss mich übergeben«, flüsterte ich Alexandra zu, die meine Hand hielt. Jetzt nur nicht umfallen. Alexandra kramte aus ihrer Bauchbeuteltasche ein Stückchen Zucker und beträufelte es mit Korodin, belebenden Kampfertropfen. Sie hatte – wie immer – an alles gedacht und ihre Mittelchen auch noch griffbereit.
Nach fünf qualvollen Minuten ging es mir besser. Wenn ich allerdings gewusst hätte, dass wir mit Bus und Schiff noch weitere vier Stunden bis zum erlösenden Hotel brauchen würden, ich wäre verzweifelt.
Alexandra hatte sich natürlich schon erkundigt und mir nähere Informationen erspart, um mich nicht in Panik zu versetzen. Sie hielt auch während der für mich mörderischen Busfahrt meine Hand und redete immer wieder beruhigend auf mich ein. Irgendwann endete auch diese Tortur, und wir wurden auf ein Schiff umgeladen. Was heißt eines – es waren mindestens elf Boote, denn über dreihundert Menschen wollten untergebracht sein.
Die Busse mit unserem Gepäck quälten sich inzwischen weiter durch den Verkehr dieser völlig überlasteten Stadt. Wieder keine Toilette auf dem Schiff, das für die Floating Markets gebaut und damit lang und schmal war. Alexandra aber hatte es mir richtig vorausgesagt: »Du wirst sehen, Mami, mit der frischen Luft und dem Fahrtwind auf dem Schiff geht es dir ganz schnell besser!« Ich atmete tief durch. Tatsächlich, es wurde! Endlich konnte ich die Fahrt, die ja zu unserem Vergnügen arrangiert worden war, meiner fürsorglichen Tochter sei es gedankt, genießen. »Schade«, dachte ich auch damals wieder, »dass sie ihr ärztliches Talent nicht umgesetzt hat.«

»Du hilfst mir schon durch deine pure Existenz«

Mit einer Arbeit über Braque und Picasso machte Alexandra 1993 den Magister. Ihr Professor empfahl ihr, mit einer Erweiterung der Arbeit ihren Doktor zu machen, senkte aber vorher noch einen Stachel in ihre sensible Seele, verpackt in ein Kompliment: »Wenn Sie diese Arbeit wirklich selbst geschrieben haben, muss ich sagen: Beachtlich!«
»So ein Depp!«, schimpfte ich, als sie mir davon berichtete. Er kannte Alexandra natürlich nicht so gut wie ich. Wenn sie erst einmal etwas in Angriff genommen hatte, ließ sie nicht mehr locker. Über Braque und Picasso recherchierte sie mit einem Eifer, der mir nahezu unheimlich war. Später gestand sie mir, dass sie sich nicht vor mir blamieren wollte, der Professor sei ihr »völlig schnurz« gewesen. Ihre Arbeit war eine Liebeserklärung an mich. Ich war zu Tränen gerührt. Stolz aber war ich, dass sie mir das Opus zum Redigieren anvertraute, wobei ich kaum etwas zu tun hatte.
Trotzdem hat sie es lange nicht verwinden können, dass ihr Professor ihr nicht zutrauen wollte, die Magisterarbeit ganz allein geschrieben zu haben. »Es ist eine Sache des Standpunktes«, tröstete ich. »Wie mit dem Glas Wasser, was für den einen noch halb voll, für den anderen schon halb leer ist.« Nun gut, jeder Vergleich hinkt. »Es gibt aber auch hierbei eine positive und eine negative Einstellung. Versuche doch, seinen Affront als Kompli-

ment zu nehmen. Da ist ein Prof, der ganz offensichtlich mit einem Quäntchen Neid die hervorragende Arbeit einer Studentin sieht. Konsequenz? Er hilft sich mit einem Seitenhieb auf die Autorin.«
Es war mir klar, dass Alexandra mein Bemühen, sie zu trösten, als einen psychologisch etwas plumpen »Unter-den-Teppich-Kehrversuch« betrachten musste. Zu meinem Erstaunen aber gab sie sich einen Ruck: »Irgendwo hast du Recht, Mamski. Ich habe ja noch die mündliche Prüfung. Da werde ich ihm beweisen, dass ich den gesamten Stoff draufhabe. Allerdings hat er gesagt, dass ich damit rechnen müsste, dass er überhaupt nicht nach Picasso und Braque fragt, sondern mich zum Beispiel über Gotik prüft oder ausführlich die bedeutendsten Brunnen Münchens und ihre Bauherren erklärt haben will. Ich muss also die gesamte Bandbreite der Kunstgeschichte draufhaben. Und mit den übrigen Fächern ist es nicht anders.«
Also setzten wir uns stundenlang zusammen und gingen, soweit das überhaupt möglich war, alles noch einmal durch. Ich muss eingestehen, dass mein Wissen nur aus Lücken zu bestehen schien, und deshalb war Alexandra doch wieder auf sich allein gestellt. »Gut so«, redete ich auf sie ein, »denn das ist ja auch die Prüfungssituation.«

Zu Alexandras mündlichen Prüfungen hatte ich sämtliche Fernsehtermine abgesagt. »Sie kann sich doch nicht auf die Parkplatzsuche und zugleich auf ihren Stoff konzentrieren«, dachte ich mir. Außerdem wollte ich in ihrer Nähe sein und im Geist Händchen halten, denn Alexandra war, wie ich auch, kein Prüfungsmensch. Ich musste während des Abiturs mindestens sieben Mal unterbrechen, um mich zu übergeben. Ähnlich dramatische Szenen durchlebte Alexandra bei Prüfungssituationen: Ihr Puls raste, sie wirkte fahrig und aggressiv, die pure Hilflosigkeit. Sie behauptete, der gesamte Prüfungsstoff sei ihr abhanden gekommen, gelöscht im Hirn, einfach weg. Ich kannte solche Momente der Verzweiflung von mir. Alexandra reagierte dann äußerst empfindlich auf meinen Kommentar »Ich weiß, du schaffst es!«

»Ich schaffe gar nichts. Überhaupt nichts. Du erwartest einfach zu viel von mir, Mamski!« Dies war ein für Alexandra typischer Einwand, wenn sie sich auch nur annähernd auf Leistung getrimmt fühlte. So schrieb sie mir einmal, als sie Schwierigkeiten in ihrem Fernsehjob hatte:

Ich habe genaue Vorstellungen davon, was ich nicht will. Genauso aber weiß ich, was ich will! Nur, das ist nicht so leicht zu erreichen, da teils Glück und teils Beziehungen dazu gehören und man doch nachdenken muß, ob man nicht einfach nachgibt ... Ich will die Rosinen aus dem Kuchen, den Du ganz essen mußtest. Dazu brauche ich aber Deine Hilfe und noch viel mehr Dein Verständnis, immer Deine ...

Dieser Brief war für mich Alarmstufe 1: Alexandra in großer Not. Und nicht immer wusste die »liebende Mutter« eine einleuchtende Antwort. Aber das musste ich auch gar nicht, denn ein anderes Mal notierte sie: »Du hilfst mir schon durch deine pure Existenz.« Es hat mich keineswegs beruhigt, denn ich hätte ihr immer aktiv helfen wollen. Das aber wollte sie nicht. Und vielleicht hatte sie Recht. Sie musste ja lernen, die tägliche Dosis Gift, die dem Dasein nun mal beigemischt ist, zu meistern. Und da hat sie sich – unterm Strich – tapfer geschlagen. Ihre Seele aber blieb trotzdem empfindlich verwundbar. Sie hätte keiner Fliege etwas zu Leide tun können, umso unbegreiflicher blieben ihr die Brutalität und Ellbogenmentalität anderer Menschen.

Die mündliche Prüfung splittete sich in drei Teile an drei Tagen. Drei Tage lang stand ich also mit meinem Wagen vor irgendwelchen Instituten herum, um auf Alexandra zu warten. Ich las ein bisschen und wurde von Passanten angeschnauzt: »Das ist doch hier kein Parkplatz.« – »Aber ich parke doch gar nicht. Ich kann jederzeit wegfahren!« – »Typisch, Weib am Steuer!« Was sie nicht wissen konnten, war, dass ich die Tür zum jeweiligen Institut im Auge haben wollte, damit Alexandra einerseits das Auto nicht suchen musste, vor allem aber, weil ich ihr Gesicht sehen wollte, um gleich zu wissen, wie es ihr ergangen war. Wenn sie dann endlich die Treppen herablief, sagte mir ihr strahlendes Lächeln genug. »Alle Fächer okay!« Wir gingen feiern.

»Obwohl, Mamski, ich weiß ja noch nichts Endgültiges!« Immer wieder einmal packten sie Skrupel und Selbstzweifel, mit denen sie sich das Leben selbst schwer machte. Wie oft habe ich mir das Hirn zermartert, wie ich das abstellen könnte. Worte meiner Mutter fielen mir ein: »Ein intelligenter Mensch hat immer wieder mal Selbstzweifel!« Allerdings waren die bei Alexandra diesmal unangebracht, denn sie hatte ihren Magister geschafft, sogar gut.

»Und, was willst du damit machen?« Das war eine existenzielle Frage, die, ähnlich wie nach dem Abitur, lange im Raum stand. »Wie wäre ein Job in einem Auktionshaus?«, schlug ich vor. »Auf keinen Fall«, wehrte sie ab. »Da sind Mädchen die ärmsten Schweine, nur zum Kaffeekochen und Schildchen kleben oder Bildchen hochhalten da. Wie Nummerngirls, während die feinen Pinkel von Männern gleich das tun dürfen, wovon sie auch etwas haben.« Sie hatte ihre festen Vorstellungen von allem, was sie nicht wollte, was sie aber wollte, lag eher im Nebel.
»Mal ganz ehrlich, Mäuschen: Wenn du ganz frei entscheiden könntest, wer wolltest du dann sein?«
»Claudia Schiffer«, kam es wie aus der Pistole geschossen. »Denn die ist schon Multimillionärin, während ich immer noch nichts verdiene. Ich würde dir viel lieber täglich eine Freude machen, statt dir auf der Tasche zu liegen. Das ist nicht gerade aufbauend, Mami. Außerdem habe ich wertvolle Jahre verloren. Im zarten Alter von fünfundzwanzig noch Model werden zu wollen ist illusorisch.«
»Meinst du wirklich, du könntest mir Freude machen mit rein materiellen Dingen, Mäuschen? Ich dachte, da kennst du mich besser. Ich würde mit keiner Mutter auf der ganzen Welt tauschen.«
»Deshalb, Mami, habe ich ja auch die Tortur des Studiums auf mich genommen. Nur für dich habe ich das gemacht.« Ich muss angesichts dieses verblüffenden Bekenntnisses unsäglich dumm geschaut haben.

*Alexandra und ich
bei gemeinsamer Arbeit*

Bis heute versuche ich mich damit zu trösten, dass es wohl nicht ganz ernst gemeint war, denn wenn sie ihre Eloquenz beweisen konnte und man ihr dafür ein Kompliment nach dem anderen machte, blühte sie auf. Sie wusste nur zu gut, dass sie ihre Redegewandtheit ihrem Studium zu verdanken hatte, und indirekt gab sie es hin und wieder auch zu: »Mami, ich hab's richtig genossen, wie strunzpieseldumm das Modell XY sich im Fernsehen geäußert hat«, erzählte sie dann. Was ihr berufliches Ziel anging, war sie eine Suchende, bis sie für *BR-alpha* Wissenschaftssendungen machen durfte. Bis dahin jedoch lag eine lange Durststrecke vor ihr.

Schließlich hatte sie sich für den Beruf der Journalistin entschieden. Ihr Studium schien beim Fernsehen zunächst keine Rolle zu spielen. Stattdessen musste sie sich, als sie die ersten zaghaften Schritte im Sender machte, Kommentare anhören wie: »Promikinder wollen wir hier nicht.« Als »Bauchbindenmaus« zu jobben war noch gut und schön gewesen, Alexandra aber wollte nach dem Studium mehr: Sie wollte die Rosinen aus dem Kuchen. Daran aber wollte man sie mit aller Kraft hindern. »Promikinder! Wo käme man denn da hin?«, wurde ihr zugetragen. Als sie wie ein Häufchen Elend vor mir saß und nicht weiterkam, machte ich ihr einen Vorschlag:
»Geh nicht zum Schmiedchen, sondern zum Schmied und stelle dich vor. Sag ihm, was du machen möchtest, und frage einfach, ob du eine Chance hast.«
»Ich kann mich nicht anbiedern, Mamski, das ist mir peinlich.«
»Aber so erfährt niemand von deinen Wünschen. Und

wenn du sie einem subalternen Menschen erzählst, ist der nur wieder neidisch. Ich sehe ein, dass du dich nicht auf mich beziehen kannst. Das riecht dann wieder nach Vitamin B.«
»Aber es kann sich doch mal irgendwas ergeben.«
»Nichts ergibt sich irgendwann, wenn man nicht dahinterher ist.«
Damit hatte ich ihren wunden Punkt getroffen. Alexandra brach in Tränen aus und murmelte auch etwas von »ehrgeiziger Eislaufmutter«. Ich überhörte es. Es hat mich nicht kränken können, weil es ein Zeichen ihrer Not war. »Ich verspreche dir, Alexandra, ich fang nicht mehr davon an«, versicherte ich ihr. »Wenn du mich allerdings fragst, kann ich dir ja schlecht das Gegenteil von dem sagen, was ich meine.«
Auch zwischen uns gab es natürlich Verstimmungen. Mit unserer Liebe aber hatte das nichts zu tun.

»Ich habe immer gedacht, Häuser sind für die Bewohner da.«

Für mich war Alexandras Ängstlichkeit immer ein Zeichen, dass sie gerne gelebt hat. Ich erinnere mich an unsere Fahrt mit dem Kreuzfahrtschiff über den Amazonas. Alexandras Vater wollte mich damals nicht begleiten, er war der Meinung, er müsse dringend das

Haus hüten, niemand sonst sei dazu imstande. Auch der Einwand seiner Tochter überzeugte ihn nicht: »Ich habe immer gedacht, Häuser sind für die Bewohner da. Nicht umgekehrt. Aber die Mami allein über die Meere schippern lassen, das kann ich nicht. Also fahre ich mit«, beschloss sie.

Ihr damaliger Freund motzte und versuchte Gegenwehr, es half alles nichts. Er hatte das Nachsehen, wenn es um Alexandras Mutter ging. Ihrem Vater war es nur recht: »Vertrauen ist gut, Kontrolle ist besser«, hat er sich wohl gedacht, »und mit ihrer Tochter als Reisebegleiterin wird Petra auf keine dummen Gedanken kommen.« Er ist eben nach wie vor eifersüchtig, was wohl nicht das schlechteste Zeichen ist.

Ich muss vorwegschicken, dass Alexandra zwar immer eine Wasserratte war, auf einem Schiff aber fühlte sie sich unwohl, weil sie leicht seekrank wurde. »Wir fahren ja nur ein kleines Stück auf dem Meer«, redete ich ihr gut zu. »Dann geht es über den Amazonas, und da kann es überhaupt nicht wackeln. Unser Schiff ist hochmodern und mit Stabilisatoren ausgerüstet. Bis zu Windstärke 5 spürt man überhaupt nichts.« Das hatte ich schon einige Male auf Kreuzfahrten ausprobiert. Trotzdem konnte ich sie nicht so recht überzeugen. Schließlich hat sie sich nur für mich einen Ruck gegeben und ist mitgefahren.

Wir sollten von München aus über Paris nach Guadeloupe fliegen. In Paris landeten wir zunächst auf dem Flughafen Charles de Gaulle, von wo aus wir quer durch die Stadt zum alten Flughafen Orly mit dem Bus fahren mussten. Ausgesprochen unfreundliche Franzosen begleiteten uns auf unserem Weg, und unsere versammelten Schulfranzösischkenntnisse brachten uns hier kaum weiter. Der Grund war ein abscheulicher Dialekt, der breit und vulgär wirkte und mit der edlen Sprache der Fabeln, zum Beispiel von La Fontaine, die ich liebe, nichts gemein hatte. Heute noch weiß ich die Geschichte von der Grille und der Ameise – *La Cigalle et la Fourmi* – auswendig. Auch Alexandra kannte sie, und manchmal zitierten wir sie gemeinsam. Eine übernahm dabei den Part von der leichtlebigen Grille, die den ganzen Sommer lang nur singt, die andere den der fleißigen Ameise, die ein diebisches Vergnügen daran findet, die hungernde Grille im Winter abblitzen zu lassen: »Wie, du hast im Sommer nur gesungen? Nun, dann tanze jetzt eben.« Mit dieser wunderschönen Sprache hatte das Gewürge, das jetzt unsere Ohren beleidigte, nichts zu tun.

Wir erreichten Orly mit Müh und Not. Nur von hier aus startet die Air France nach Guadeloupe. Man hatte uns ein »lauschiges Plätzchen« in der letzten Reihe der Holzklasse reserviert. Neben uns saß ein von Knoblauch durchtränktes, älteres Ehepaar, das auch noch erkältet war. Es rotzte, nieste und hustete ganz ungeniert vor sich hin, und die eiskalte Klimaanlage verteilte das Ganze sorgfältig über den sowieso schon beengten Raum. Für uns also »pures Vergnügen«.

»Unsere einzige Rettung wäre ein Essen angemacht mit Knoblauch. Dann riechen wir es nicht mehr so«, sinnierte ich. »Ganz falsch«, meinte Alexandra. »Dann sind wir nicht mehr auf der Hut vor den Bakterien, die die beiden umeinander schleudern. Besser ist es, wir lassen uns heißen Tee bringen und wickeln uns gegen die Eruptionen von links in unsere Schals.« Im Prinzip hatte sie ja

Recht. Wir aber hatten unser »Fett« – sprich: eine geballte Ladung Bakterien – längst weg.

Schon bei der Landung spürten wir, dass sich etwas zusammenbraute, im besten Fall eine Erkältung. Eine Grippe hätte uns gerade noch gefehlt. Ziemlich angeschlagen landeten wir auf dem Schiff und dort direkt im Bett. Das opulente Dinner mussten wir dankend ablehnen.

Schließlich erreichten wir die Teufelsinsel vor Französisch-Guayana. Den Ausflug dorthin wollten wir uns natürlich nicht entgehen lassen. Schaudernd durchwanderten wir die Insel mit den unsäglichen dumpf feuchten Gefängnissen. Hier zu entkommen muss unmöglich gewesen sein. Steile Felsen stürzen ins Meer und schäumen es zu wilder Gischt auf. Immer wieder haben Unglückliche versucht, sich abzuseilen und zu fliehen, aber die scharfen Steine schnitten die dicken Stricke durch wie nichts. Die Gefängnisaufseher haben früher probeweise mit Sand gefüllte Säcke in die brüllende See geworfen, weil sie wissen wollten, wie man ankommt, wenn man sich hinunterstürzt. Zermalmt, in jedem Fall, das Übrige erledigten die Haie.

Tempi passati, Gott sei Dank. Dass Alexandra und mir nicht gut war, verschärfte unseren gruseligen Eindruck von der Teufelsinsel, die heute lediglich Touristensensation ist, noch mehr. Wir waren daher froh, dass unser Luxusliner in respektvollem Abstand zu den Felsen auf uns wartete.

Irgendwann wurde ich daran erinnert, dass ich ja nicht zum reinen Vergnügen auf dem schönen Luxusschiff war, sondern das Bordfernsehen für die Gäste moderieren sollte. Es gab dort ein winziges TV-Studio, mit allem eingerichtet, was man braucht. Für die Regionen nördlich des Äquators hatte man längst Nachrichtensatelliten, die Themen des Tages wurden brandaktuell geliefert und sofort in der Bordzeitung gedruckt. Für Zonen südlich des Äquators aber musste man zum Funker des Schiffs. Dieser nahm die News der Deutschen Welle auf Band auf, und ich – an den Computer gewöhnt, oder sagen wir besser: durch ihn verwöhnt – musste sie auf einer kleinen Reiseschreibmaschine abtippen und am Abend vorlesen. Ich war so froh, Alexandra bei mir zu haben. Sie flitzte täglich zum Funker, holte die neuesten Informationen und schrieb, schneller und leserlicher als ich es jemals könnte, die Nachrichten auf. Ich konzentrierte mich inzwischen auf Interviewthemen mit interessanten Menschen an Bord und die notwendigen Vorgespräche. Ich hatte eine Stunde Fernsehen pro Tag zu gestalten, das bedeutete eine Menge Arbeit für uns beide.

An Bord wird den Gästen allerhand geboten. Von folkloristischen Galas über volkstümliche Darbietungen – Letztere beim Publikum besonders beliebt – bis hin zu hochkarätigen Aufführungen, die man meist im kleineren Kreis genießt. Der Höhepunkt einer solchen Reise ist die große Bühnenshow, bei der sich deutsche und internationale Stars geradezu darum reißen, auf einem Luxusschiff mit fünf Sternen plus aufzutreten.

Die großen Galas durfte ich zusätzlich zum Bordfernsehen moderieren und für die Stars quasi den roten Teppich ausrollen. Es wurde ein Programm offeriert, das sich gewöhnlich bis Mitternacht hinzog. Anschließend genehmigte auch ich mir einen wohlverdienten Drink und hörte mir die Kommentare der Gäste zu meiner Arbeit und den Starauftritten an.

Einmal hatte ich vor der Arbeit bei großer Hitze ein bisschen zu viel Caipirinha getrunken, und am Fuße von drei Drinks spürte ich den Zauber – leider einen bösen. Ich konnte plötzlich den von Alexandra geschriebenen Text nicht mehr lesen. Jeder Buchstabe war mindestens zwölf Mal zu sehen. Das heißt, sie tanzten alle wild durcheinander. Nach zwei missratenen Versuchen gab ich auf. Ich schilderte mit dem Mut der Verzweiflung via Bildschirm mein Problem und ging gleich zur Talkshow über.

Die fiel mir eigenartigerweise ganz leicht. Ich hatte nur ein bisschen Bammel vor den Kommentaren der Gäste. Aber sie nahmen mich anschließend ohne Ausnahme, bildlich gesprochen, in den Arm: »Das war doch mal ganz was anderes. Eine willkommene Abwechslung.« – »Schön, dass Sie gleich gesagt haben, was los war. Haben wir auch schon erlebt: In der Hitze ein Cocktail, und man ist weg vom Fenster. Und die Caipirinha hat es überhaupt in sich.«

Ich tröstete mich, schwor mir aber, in tropischen Breiten nie mehr alkoholische Drinks zu genießen, wenn ich anschließend arbeiten musste. Alexandra vermutete, ich sei seekrank gewesen: »Ein ganz kleines bisschen, Mami. Bestimmt. Ich kenn dich doch.« Ihr war, wie sie beteuerte, auch schon ganz schlecht. »Mäuschen, mitten auf dem Fluss seekrank? Das gibt es doch gar nicht!«, versuchte ich es ihr auszureden. »Und doch ist es so!«, versicherte sie. »Weißt du, Mami, es gibt immer eine

ganz leichte Dünung. Und die ist schlechter für mich als ordentliche Wellen.« Da war mein Mäuschen kaum von Sachkenntnis getrübt. Sie aber hatte es so beschlossen und hielt ihre Seekrankheit auch durch.
Sie konnte nichts essen und lag im Bett, bis ich schließlich den Bordarzt kommen ließ. Der ging es aber ganz falsch an und erzählte ihr etwas von leichter Erkältung und dass sie sich ein bisschen zusammenreißen sollte. Das war wiederum mir zu viel. »Und für wen soll sie das bitte tun?«, fragte ich spitz. »Na, für sich«, sagte er verblüfft. Wir hielten fortan nichts mehr von ihm.
»Schwimmen wäre gut für sie«, überlegte ich. Allerdings war der Meerwasserpool längst nicht mehr gefüllt, denn das Amazonaswasser war braun und sah nicht so appetitlich aus. Nachts flogen Tausende Riesenfalter und Krabbeltiere unser beleuchtetes Schiff an. Morgens, gegen sieben Uhr, beobachtete ich, wie die fleißigen Geister des Schiffs zentimeterhohe, meist schwarze Schichten mit gewaltigem Wasserstrahl wegspritzten.
Einmal hatte sich ein kolibrifarbener Riesenschmetterling auf den Schiffsplanken offensichtlich zum Sterben hingelegt. Er war bestimmt fünfzehn Zentimeter groß und wunderschön. Gäste standen um ihn herum und bewunderten und bedauerten ihn. Ich ging Alexandra wecken, aber ehe sie auf Deck war, hatte der Traumfalter sein Leben beendet. Er »schmettert nicht mehr«, wie sie als Kind gesagt hatte.

Eines Morgens war ein Ausflug in die Nebenarme des Amazonas geplant. Das Schiff lag auf Reede, wir stiegen in die Rettungsboote, jedes mit Walkie-Talkie ausgerüstet. Ich ging – zum Schrecken von Alexandra – ganz nach vorn. Sie hatte Angst um mich. »Bitte Mami, halt dich ganz fest da vorn. Und stütze dich ab!«, beschwor sie mich ahnungsvoll. Es passierte an einer engen Wasserstraße. Wir bewunderten gerade Urwaldriesen, Lianen und tropische Blüten, sogen den Duft der Pflanzen ein und staunten über hinreißende Kleinkinder, die unsere Boote eher umtanzten denn schwammen.

Plötzlich krachte es. Wir hatten eines der acht Boote gerammt, die mit uns unterwegs waren. Schreie, Panik. Die meist älteren Leute lagen wie Maikäfer auf dem Rücken. Alexandra schob sofort sämtliche Ängste beiseite, denn hier galt es einzugreifen. Sie half den schockierten Menschen auf und erkundigte sich, ob ihnen etwas wehtat. In diesem Augenblick versagte auch noch der Motor. Wir trieben in die Schlingpflanzen am Ufer, dann wieder steuerlos auf riesige gefällte Baumstämme zu. Der Bootsführer versuchte verzweifelt, den Motor wieder in Gang zu bringen. Der fing plötzlich Feuer und brannte. Hilflosigkeit machte sich breit.

Von weitem kam ein rettendes Boot auf uns zu. Aber wir hatten uns zu früh gefreut: Die Insassen deuteten unsere Schreie und wilden Gesten als Begeisterung und winkten lediglich zurück, ohne unsere ausweglose Situation auch nur zu ahnen. Das Walkie-Talkie machte keinen Mucks mehr. Ziellos trieben wir dahin.

Irgendwann erreichten wir offenes Wasser. Unser »Mutterschiff« lag weit von uns entfernt friedlich in der Sonne. Wir konnten kein Zeichen geben. Womit auch? So trieben wir in der Strömung dahin und mussten zusehen, wie die anderen Boote unser großes Schiff an-

steuerten. »Irgendwann muss es doch auffallen, dass wir hier ohne Antrieb und steuerlos sind«, sagte jemand in die bedrückende Stille hinein. »Irgendwann sind wir vom großen Schiff aus gar nicht mehr zu sehen«, orakelte ein Pessimist. »Und der Amazonas ist hier wie ein Meer. Da findet man so ein kleines Boot wie das unsere, steuerlos, so leicht nicht wieder.«
Angst kroch in mir hoch. Die Verantwortung für mein Kind ..., schoss mir durch den Kopf. Aber Alexandra hielt sich tapfer. Zunächst jedenfalls.
Ein aufmerksamer Matrose an Bord des Mutterschiffs bemerkte unser ungewöhnliches Verhalten schließlich doch und schlug Alarm. Daraufhin wurde eine Barkasse ausgeschickt, die unser antriebsloses Wrack zum großen Schiff bugsieren sollte. Beim Versuch, uns abzuschleppen, riss das Steuerseil des anderen Bootes, das uns eigentlich retten sollte. »Jetzt ist es aus mit uns«, murmelte Alexandra tonlos. Ich empfand es genauso. Damals erfuhr ich, was eine »Kette unglücklicher Umstände« bedeuten konnte. »Bloß nichts anmerken lassen«, dachte ich mir. Aber meine Sorglosigkeit wirkte aufgesetzt, vor allem auf Alexandra. Ich konnte mich vor ihr nicht verstellen. Sie schluchzte. Aber es war uns – ihr – damals noch nichts Schlimmeres bestimmt. Wir wurden alle heil an Bord gezogen.
Nach einer langen Dusche, bei der wir uns den Angstschweiß vom Körper gespült hatten, spürte ich schon wieder Appetit. Ich bin eben ein Steh-auf-Weibchen. Alexandra dagegen war alles vergangen. Wie immer, wenn sie in höchsten Nöten gewesen war, setzte sie sich hin und brachte ihre Gedanken und Gefühle zu

Papier. Das habe ich jetzt, wo das Unfassbare mit ihr geschehen ist, übernommen und finde großen Trost darin.

Am nächsten Tag – das Schiff lag wie ein Brett auf dem Fluss – konnte Alexandra schon wieder lachen. Sie hatte ihren Spaß mit dem kleinen Sohn eines großen Sängers. Der Zehnjährige, der alles »uncool« fand und der Meinung war, dass die ganze Reise mit lauter Erwachsenen stinklangweilig sei, hing schließlich wie eine Klette an ihr. Sie gestanden sich gegenseitig ein, dass sie unstillbare Sehnsucht nach einem Big Mäc hatten; stattdessen wurden mittags und abends mehrgängige Dinner mit allem erdenklichen Luxus aufgetischt. Kaviar: Pfui Teufel! Hummer: Gähn! Lachs: Der Genuss erschöpft sich! Nur die vielen Müslis auf dem Frühstücksbüfett und die Unmengen von verschiedenem Brot, jeden Morgen frisch aus der Bordbäckerei, machten die beiden richtig an.

Alexandra hatte einen großen Wunsch: Sie wollte die siebzehn Chinesen sehen, die jeden Tag tonnenweise Bett- und Badetücher und sonstige Wäsche für uns wuschen, reinigten und bügelten. Die hatten ihr eigenes kleines Reich im Bauch des Schiffes, natürlich mit asiatischer Küche. Europäisches Essen lehnten sie ab. Ein kleiner Hinweis von mir genügte, dass Alexandras Besuch als diskriminierend empfunden werden könnte – denn oben lebten wir im totalen Luxus, unten kannte man nur harte Arbeit –, Alexandra sah es sofort ein und nahm Abstand vom Besuch im »Reich der Mitte«.

Unsere Reise sollte mit einem Highlight enden: Im

Opernhaus von Manaus am Rio Negro, dessen Wasser dunkel ist wie ein Moorsee, erwartete uns eine Aufführung erster Klasse. Nach einem Besuch des Hafens, wo Alexandra und den kleinen Sohn des großen Sängers nichts anderes interessierte als der gruselige Anblick der präparierten Piranhas, besuchten wir das weltberühmte Opernhaus.

Anfang des 20. Jahrhunderts war die große Zeit der Kautschukbarone. »Ein bisschen Kultur kann nicht schaden«, dachten die sich wohl. »Zumindest hebt es unser Ansehen, die wir als Parvenüs gelten.« Und so trotzten sie dem alles verschlingenden Urwald Platz für Stadt und Opernhaus ab. Letzteres wurde aus Hartholz gebaut und mit viel Gold und Plüsch im Jugendstil ausgeschmückt. Als es später mit den Gummibaronen steil abwärts ging, verfiel auch das Opernhaus. Termiten machten sich darüber her. Erst vor einigen Jahren ist es mühsam restauriert worden. Nicht zuletzt für Werner Herzog und seinen Film *Fitzcaraldo* mit Klaus Kinski.

Wir waren jedenfalls alle überwältigt vom morbiden Charme der Oper und wollten dort zum Abschied für die Passagiere einen Gala-Abend gestalten.

Der erste Auftritt vor den sechshundert Passagieren unseres Luxus-Kreuzfahrtschiffs: Eine Arie aus »Phantom der Oper« mit der wunderschönen Anna Maria Kaufmann und Gunther Emmerlich – dem Stimmgewaltigen. Dazu die elegante, leicht verblichene Kulisse des Opernhauses. Uns fröstelte trotz der hohen Temperaturen, 45 Grad auch am Abend und es gab keine Klimaanlage.

Weiter ging es mit den Kings of Jazz Max Greger und

Horst Jankowsky. So viel Begeisterung hatte das Haus seit seinen Glanzzeiten wohl nicht mehr erlebt.

Später am Abend der Rückflug mit Lufthansa. Jeder der zirka zweihundert Passagiere erhielt eine Rose. Der Kapitän sagte uns im liebevoll geschmückten Jumbo vor dem Start Aufmunterndes: »Die Piste ist nur achthundert Meter lang. Unser Jumbo voll besetzt. Dazu das Gepäck. Es kann sein, dass ich den Start im letzten Augenblick abbrechen muss, wenn ich die erforderliche Geschwindigkeit nicht erreiche. Das ist nämlich der erste Start eines Jumbos auf einer so kurzen Bahn.« Augenblicklich bekam Alexandra Herzrasen. »Uns bleibt aber auch nichts erspart«, hörte ich sie murmeln.
»Der Pilot würde es gar nicht erst versuchen, wenn er nicht sicher wäre«, versicherte ich ihr. Als wir losrollten, betete sie. Wir starteten so mühelos, dass der Pilot in zweitausend Metern Höhe den Schub zurücknahm, um eine Abschiedsrunde über unserem Schiff zu drehen. »Das ist doch nun wirklich so überflüssig wie ein Kropf.« Alexandra wurde richtig wütend. Von unten winkten uns die Passagiere begeistert zu. Ohne Probleme flogen wir nach Hause. Unser geliebtes Bayern hatte uns wieder, und Alexandra war glücklich.

»Mich überkommt eine maßlose Wut, wenn es ungerecht zugeht in der Welt.«

Das ZDF wollte 1999 ein Porträt über eine glückliche Ehe drehen. Dabei hatte man meinen Mann und mich im Visier und bat, die für mich wichtigen Charakterzüge von Alexandras Vater zu nennen. Ich lobte seinen Humor, die Gespräche, die wir haben, seine Zuverlässigkeit und auch, dass er nicht nachtragend sei. »Und sein Äußeres, was fasziniert Sie da?«, wollte die Reporterin wissen. »Seine Hände. Und ich finde sie nach wie vor sehr erotisch und schön.«

Am folgenden Samstag sollte das Ganze gesendet werden. Freitags waren Alexandra und ich in einem Kaufhaus in München, um einen neuen Fernseher zu kaufen. Ein Riesenteil! Zu Hause angekommen, wollten wir den Apparat unbedingt sofort in ihr Zimmer hochtragen, allerdings mussten wir sehr bald einsehen, dass er einfach zu schwer für uns war. Wir riefen unseren Mann und Vater zu Hilfe. »Muss denn das heute sein? Morgen ist doch auch noch ein Tag«, wehrte er ab. Diese Antwort war zu erwarten. Sie ist, wie ich glaube, eine typische Männerbemerkung. Wir, Alexandra und ich, kannten das nur allzu gut. »Okay, dann versuchen wir es noch einmal alleine. Du musst uns ja nicht helfen. Und wenn wir den Fernseher auf jeder Stufe absetzen müssen: Er kommt heute noch rauf in Alexandras Zimmer.« Unser Ächzen und Stöhnen muss ihn irgendwann doch irritiert haben.

Schließlich erbarmte er sich und packte mit an, nicht ohne eine Meckerarie über den völlig überflüssigen Kauf eines so überdimensionierten Gerätes abzusondern. Alexandra verbot mir zu helfen. »Mami, du trägst mir das Teil nicht. Denk an deinen Rücken.« Diesen Ton kannte ich, er duldete keinen Widerspruch.
Die beiden hatten die elend lange Treppe schon geschafft und schwenkten gerade ins Zimmer ein. Plötzlich gab es einen scharfen Knall. Alexandras Vater ließ den schweren Fernseher daraufhin sofort los. Mit erdbebenartigem Getöse fiel er auf den Boden. Mein Mann stand im Raum und schaute sprachlos auf seinen linken Mittelfinger. Der aber war nicht mehr da. Jedenfalls das oberste Glied nicht. Nur Bruchteile von Sekunden, dann hatte sich Alexandra wieder gefasst. »Such den Finger, Mami, ich rufe die Notaufnahme im Krankenhaus an. Die sollen das Ding wieder annähen«, rief sie mir zu.
Ihr Vater schaute derweil, frei nach Wilhelm Busch, stumm im ganzen Zimmer rum. Ich lag am Boden und suchte. Dann sah ich ihn – den Finger. Er klebte am abgebrochenen Ende der messerscharfen Blende. Ich zitterte. Mit bebenden Händen klaubte ich das Fingerglied auf. Komischerweise sah es noch ganz brauchbar aus. Mein Mann wirkte ganz ruhig. Ich hatte Ströme von Blut erwartet, aber nichts tat sich. Der Finger war sauber wie mit der Rasierklinge abgetrennt. »Sofort auf Eis legen«, schoss es mir durch den Kopf. Ich raste die Treppe runter, riss die Kühlschranktür auf. Das rettende Eis glitzerte mir entgegen. Finger drauf, er sah aus wie ein kleiner Dom.
Schon war der Notarztwagen da. »Wie kann mein Mann

nur so ruhig sein?«, fragte ich zitternd. »Er steht unter Schock! Wir machen eine Infusion.« Der Notarzt arbeitete routiniert. Das aber ging Alexandras Vater doch zu weit: »Nichts da – und einen Notarzt hätte ich auch nicht gebraucht. Schließlich ist das Krankenhaus keine zwei Minuten entfernt.«

»Sie legen sich aber auf jeden Fall hin«, insistierte der Notarzt.

»Damit a Ruh is«, murmelte mein Mann, legte sich aber sichtlich erleichtert auf die Trage. Ich setzte mich nach vorn ins Auto, Alexandra organisierte inzwischen weiter.

Ich muss ein seltsames Bild abgegeben haben mit dem »Finger auf Eis«. Der Notarzt lobte mich, dass das Fingerglied »ohne meine umsichtige Maßnahme wohl verloren« wäre. Ich war stolz.

»Ganz falsch«, protestierten einige Minuten später die Ärzte im Krankenhaus. »Der Finger hätte in ein Plastiksäckchen gehört und dann auf Eis. So haben Sie die ganzen Gefäße versaut. Nichts mehr zu retten!«, war ihr vernichtendes Urteil.

Alexandra hatte inzwischen ganz München aus wohlverdienter Wochenendruhe geholt, sämtliche Kliniken und auch einen befreundeten Chirurgen angerufen. Nach Schilderung der Situation, die sie sehr präzise weitergegeben hatte, waren sich alle einig: Der Finger ist nicht zu retten. »Und am Freitagabend schon überhaupt nicht«, hätte ich ironisch hinzufügen wollen, »denn da ist man schon auf die Freizeit fixiert.«

Alexandras Vater ist, das muss man ihm lassen, überhaupt nicht wehleidig. Er rauchte zusammen mit dem

Chirurgen im OP erst einmal eine Zigarette. Dann wurde der Fingerrest versorgt.

Ironie des Schicksals: Einige Monate später gab es im örtlichen Krankenhaus einen renommierten Handchirurgen, der alles wieder hätte richten können.

Ironie des Schicksals, zum Zweiten: Am Samstag brachte das ZDF das Porträt über uns, in dem ich von den Händen meines Mannes geschwärmt hatte. Und er saß vor dem Fernseher mit dem Wundverband um seinen malträtierten und nicht mehr kompletten Finger. Mit einiger Wehmut schaute er auf seine Hände

Was hätte er in den USA als Schadenersatz für dieses Malheur kassieren können! Stattdessen flog aus Japan ein Boss des Unternehmens ein, das den Fernseher produziert hatte. First Class, versteht sich. Zusätzlich ein Sachverständiger aus London. First Class, wie es sich gehört. Sie boten dem Geschädigten ein Minisümmchen als Schadenersatz, das ungefähr ein Zehntel des Flugpreises ausmachte – gleich auszuzahlen! Oder eine Minirente, für die man sich höchstens ein Mal bei McDonald's satt essen könnte. Sie betonten aber, dass ihnen das monatliche Entgelt lieber sei, wenn sie das Alter meines Mannes in Betracht zögen, kalkulierten also eiskalt sein frühzeitiges Ableben ein. Und so regelten sie es dann auch.

Alexandra war außer sich über die »gemeine Beutelschneiderei«, wie sie es nannte. Ihr Vater dozierte: »Wer sagt denn, dass das Leben gerecht ist? Michael Kohlhaas ist auch nur eine tragische Figur.«

»Mir gefällt dieser Kohlhaas mit seinem Gerechtigkeitsfimmel«, meinte Alexandra. »Und mich überkommt eine maßlose Wut, wenn es ungerecht zugeht in der Welt!«

»Das ist das Recht der Jugend, damals hat mir Michael Kohlhaas auch imponiert. Jedenfalls der von Kleist. Aber das gibt sich mit der Zeit. Denn das Leben – das ist nun mal nicht so. Leider!«, seufzte Alexandras Vater jetzt doch ein wenig.

»Denk doch mal logisch, Mami, frierst du jetzt oder erst an Weihnachten?«

Anfang 2000 war ich ernstlich krank; offensichtlich hatte ich mir ein Virus eingefangen. Weil ich total ausgetrocknet war, kam ich ins Krankenhaus und an den Tropf. Die Bauchkoliken waren kaum auszuhalten. Alexandra eilte nach ihrer TV-Sendung sofort zu mir, schaute mich prüfend an und wollte bei mir bleiben – notfalls gegen jeden Widerstand. Die Nachtschwester zeigte Verständnis: »Das zweite Bett ist sowieso frei, und ich bringe Ihnen auch etwas zu essen. Die Küche hat zwar schon geschlossen, aber irgendwas treibe ich schon auf.« Alexandra war zufrieden.
Als sie merkte, dass es mir nicht gut ging, rief sie resolut den Dienst habenden Arzt. Doch der zeigte sich obercool: »Ich lasse Ihnen ein Zäpfchen bringen.« Aber damit kam er an die Richtige. »Meine Mutter hat fürchterliche Bauchkrämpfe und Durchfall«, fauchte Alexandra ihn an. »Was denken Sie sich eigentlich, wie lange sie

so ein Zäpfchen bei sich behält? Ich würde mich erst mal erkundigen, was ein Patient überhaupt hat, ehe ich unsinnige Anordnungen gäbe.« Ich war platt. Sollte dieses aufgebrachte kleine Monster meine Tochter sein? Wenn es um mich ging, verstand Alexandra eben keinen Spaß.
»Ich erwarte von Ihnen, dass Sie ihr – bitte – sofort etwas Schmerzstillendes in den Tropf geben«, forderte sie. Der Arzt murmelte noch vor sich hin: »Da könnte ja jeder kommen. Ich habe ernsthaft kranke Patienten zu versorgen … Hysterische Weiber«, wollte Alexandra noch gehört haben. Egal – ihr Anfall hatte Wirkung gezeigt und ein krampflösendes Mittel kam in die Infusion.
Wir versuchten zu schlafen. Bei jeder geringsten Bewegung stand Alexandra fragend an meinem Bett: »Geht's noch, Mami?« Nicht unter dreißig Mal in dieser einzigen Nacht. Seit dieser Zeit weiß ich, dass es Schutzengel gibt. Alexandra war meiner.

Die Schutzengel selber haben es nicht immer leicht. Im darauf folgenden Frühjahr waren wir für ein großes Modeunternehmen unterwegs. Alexandra als Model, ich als Moderatorin. Wir waren begeistert. Die Leute waren entzückend, sowohl hinter der Bühne als auch auf der Reise. Wir übernachteten in superschicken Hotels. Bei Magdeburg zum Beispiel in einem weitläufigen Park mit altem Haus und liebevoll restauriertem Speisesaal, die Zimmer dagegen modern luxuriös.
Alexandra und ich genehmigten uns nach dem Einchecken am Abend einen Piccolo und versicherten uns gegenseitig, wie schön es sei, zusammen zu reisen und

auch noch Zeit füreinander zu haben. Es ging uns zwei Weibern einfach gut miteinander.

Zum gemeinsamen Abendessen mit der Truppe trafen wir uns im Speisesaal. Wir vertieften uns in die Menükarte. Alexandra gab mir Ratschläge: »Mami, das isst du mir auf keinen Fall und das auch nicht und dabei hätte ich Bedenken und das könnte zu schwer sein …« Dann, entschuldigend, in die Runde: »Dann wird ihr nachts nämlich schlecht und sie will wieder sterben …«.

Darauf eine Frau aus dem Team – unangebracht scharf: »Jetzt hörst du aber mal auf, Alexandra. Deine Mutter ist schließlich erwachsen. Du gehst uns hier allen auf die Nerven. Reiß dich mal zusammen.« Alexandra, schon mit unterdrücktem Schluchzen, wollte sich noch wehren: »Aber ich weiß doch als Einzige, wie krank die Mami war!« Damit stürzte sie hinaus. Und ich hinter ihr her, nicht ohne ein: »Das hätte es jetzt aber nicht gebraucht!«, in die pikierte Runde zu werfen.

Ich habe sie lange nicht beruhigen können. In meinen Armen schlief sie irgendwann ein wie ein kleines Mädchen. Auch Schutzengel brauchen manchmal Schutz.

Mitten in der Nacht muss es gewesen sein, da weckte sie mich: »Mami, hör doch, eine Nachtigall, und da drüben im Baum noch eine, die antwortet. Dafür musste ich dich unbedingt wecken.« Es war unbeschreiblich. Beide standen wir lange am Fenster und genossen das seltene Konzert. Die Welt war wieder in Ordnung, auch bei meinem Schutzengel.

Im Dezember 2000 war ich zur Eröffnung eines traumhaft schönen Fünf-Sterne-Hotels in Oberstdorf eingela-

den. Ich sollte den Gästen und Honoratioren meine Eindrücke über die Räume und den Wellness-Bereich schildern. »Ich hab zwar nicht die Zeit dazu, lass dich aber nicht allein fahren, Mamski«, versicherte Alexandra.
Wir fuhren bereits am Nachmittag los, um nicht in die Dunkelheit zu kommen. Alexandra schwärmte noch vom Sonnenuntergang, während ich in der Ferne schon eine gespenstisch aussehende, blauschwarze Wand ausgemacht hatte. Dort mussten wir hinein. Ein Wintergewitter, das endlich den ersehnten Schnee bringen sollte. Eine ängstliche Alexandra protestierte gegen meine Fahrweise: »Mami, ich muss schon sagen, du brichst über die Straßen, dass einem angst und bange werden könnte. Kannst du nicht ein bisschen vorsichtiger fahren? Ich bin schon nass geschwitzt.«
»Natürlich kann ich das, obwohl ich nur hundert Kilometer pro Stunde fahre«, beruhigte ich sie. Fortan fuhren wir im gemütlichen Tempo 80. Plötzlich fegte ein Eissturm über die Straßen, der Wind schien sogar von unten zu kommen und sich brüllend auf die Autos zu schmeißen. Es war eine ungewöhnliche und Angst erregende Situation.
»Was machst du, wenn der Sturm unser Auto umwirft, Mami? Was hältst du davon, wenn wir uns unter eine Brücke stellen und abwarten, bis das Gröbste vorbei ist?«, schlug sie vor. »Und, siehst du eine Brücke, Alexandra?«, fragte ich zurück. Es war ein Dilemma. Überall gibt es diese verdammten Brücken. Aber hier: Fehlanzeige. Ich gab mir Mühe, sie zu beruhigen: »Dieser Mercedes als Cabrio ist bedeutend schwerer als Limousinen. Den schmeißt so leicht nichts um, Mäuschen.«

Irgendwann hatten wir die finstere Wand geschafft, und Oberstdorf lag vor uns, als ob nichts gewesen wäre. In der untergehenden Sonne suchten wir das Hotel. »Carpe diem«, sagte Alexandra erleichtert, als wir eingecheckt hatten. Wir genehmigten uns ein halbes Fläschchen Champagner auf den überstandenen Schrecken. Beschwingt ließen wir uns das schöne Hotel zeigen und freuten uns auf einen Fernsehabend im gemütlichen großen Himmelbett. Das war nämlich auf Reisen die Krönung für uns: ein bisschen was zum Knabbern und zum Schlürfen und uns über das Programm auslassen, nur wir zwei Frauen. Selig schliefen wir ein, nachdem wir natürlich unseren jeweiligen Männern telefonisch »Gute Nacht« gesagt hatten.

Am nächsten Morgen hatten sich für elf Uhr im Hotel eine ganze Menge Leute angesagt. Alexandra hatte Wichtiges vor. Sie empfahl sich bis zum Mittag. »Nimm doch mein Auto«, ermunterte ich sie. »Nein, Mami, ich will ein bisschen spazieren gehen. Die frische Luft hier tut mir gut nach stundenlangem Vor-dem-Computer-Sitzen.« Weg war sie.

Ich absolvierte meine Pflichten und tat das gern, denn ich war wirklich angetan, vor allem vom Wellness-Bereich des Hotels, nach Feng-Shui-Gesetzen gebaut. Nach den vielen Reden, die nun einmal dazugehören, und trotz des Gerüchts hinter vorgehaltener Hand, dass im Allgäu das erste bayerische BSE-Rind entdeckt worden war, freuten wir uns auf ein reichhaltiges Mittagsbüfett.

»Wo mag nur Alexandra bleiben?«, sorgte ich mich. Da kam sie auch schon freudestrahlend an meinen Tisch

und hatte ein Päckchen unter dem Arm: »Du musst es unbedingt sofort aufmachen, Mami!« Ihre Augen blitzten erwartungsvoll. Ich zögerte. Päckchen aufmachen zählt zwar zu meinen größten Leidenschaften, eine liebevolle Verpackung zu zerstören allerdings weniger.
Alexandra drängelte: »Mach schon, Mami.« Es musste sein. Ich zerriss die Schleife, dann das Papier, und, hemmungslos nun schon, den Karton. Der Inhalt: ein schwarzer Muff für meine bei Kälte ewig abgestorbenen Finger. Und nicht nur das. »Du musst schon reingreifen, Mami!«, ermunterte mich meine Tochter. Das tat ich auch und zuckte zurück. Sie hatte ein »Öfchen«, wie sie es nannte, aktiviert, das, dank einer chemischen Reaktion, für Stunden wärmt. »Ja, ist denn heut schon Weihnachten?«, fragte ich verblüfft. Sie, freudestrahlend über die gelungene Überraschung: »Denk doch mal logisch, Mami, frierst du jetzt oder erst an Weihnachten?«
Wie lieb man dieses Kind doch haben musste.

»Ich bin verwirrt und benehme mich wie eine Fünfzehnjährige.«

Anfang des Jahres 2001 hatte Alexandra viel für *BR-Alpha* zu tun, wo sie Wissenschaftssendungen moderierte. Ich war so froh, dass sie endlich eine adäquate Arbeit gefunden hatte. Und sie schaufelte sich so tief hinein in diese anspruchsvolle Aufgabe, dass wir uns nicht täglich sehen konnten. Deshalb schickte sie mir hin und wieder »Liebesbriefe« – welche Mutter erlebt das von einer erwachsenen Tochter?

Wenn ich ihre Briefe heute lese, weiß ich, wir waren wie die Königskinder: Wenn wir einmal nicht zusammen sein konnten, waren wir beide unglücklich. Und es zeugt vom großmütigen Charakter ihres Verlobten, dass er nie gegen diese intensive Tochter-Mutter-Beziehung, wie wir sie kennen gelernt haben, gemosert hat. Vielleicht konnte er uns verstehen, weil er selbst so liebevolle Eltern hat.

Im März überraschte sie mich mit einem liebevollen Fax:

Hallo meine süße Mami.
Hatte gerade Sehnsucht nach Dir und habe schnell eine ganz tolle Schrift rausgesucht, damit Du mein Fax ja nicht übersiehst.

Als ob ich das jemals könnte, Alexandra! Dein Foto steht neben mir und lächelt mich an, damit mir auch schwierige Textgestaltungen leichter fallen.

Muss heute eine »königlich-bayerische Gala« mit König-Ludwig-Auftritt moderieren und recherchiere für tolle Zitate. Daraus wird dann eine Eröffnungsrede von mir. Ich habe aber dank jahrelanger Schulung und Kombinations-Förderung von Deiner Seite ein paar wirklich gute Ideen!
Ein kostbares Startkapital! DANKE!

Habe gerade ein tolles Zitat gefunden: »Wir sind alle Engel mit nur einem Flügel. Wenn wir fliegen wollen, müssen wir einander umarmen.« (Luciano Crescenco)

Also bei uns (gemeint ist ihr Verlobter Ralph) kannst Du für alle Sprünge und Höhenflüge immer einen zweiten Flügel finden, ... auch einen dritten, ... zum Fliegen schlecht, ... aber vielleicht als Ersatzreifen?

In Gedanken sind wir, ... bin ich viel, ... sehr viel bei Dir! ...bei Euch! ... Und wenn Du Sehnsucht hast, dann ruf doch einfach an ... Oder ich nehm' Dich verbal in den Arm! Das tue ich in Gedanken, kurz bevor ich einschlafe und kurz nachdem ich aufgewacht bin ... und finde es einfach immer wieder schön, dass wir uns alle getroffen haben. (Ein Kinderwort der Schwester von Alexandras Vater, das bei uns zum geflügelten Wort geworden ist).

Außerdem platze ich hin und wieder (dauernd) vor Stolz, dass Du kein deutsches, klobürstenbelocktes quadratisch-praktisch-gut-Muttchen bist, und kein emanzipatorisches Brechmittel à la »Schau her: Männer sind alle Schweine«, ... sondern die ganz selbstverständlich-aberwitzig Schönste und Klügste ...

Und wenn ich Dich nicht so lieben würde, dann würde ich es glatt wagen, mir wirklich eine Scheibe von Dir abzuschneiden! ... Aber weil das bestimmt weh tut, probier ich's doch wieder mit den Fußstapfen, obwohl ich mir in feinster Aschenputtel-»Böse Schwester«-Manier dafür immer die

Fersen blutig schneiden müsste, denn nach Adam Riese passt eine »39« einfach nicht in eine »37«.
Also gut: Mit viel Phantasie geht alles ...
Augustinus sagt: »Nur wer selbst brennt, kann Feuer in anderen entfachen« ... und das hast Du bei mir gründlichst entzündet.
Es umarmt Dich voller Energie ... diesmal Dein lachendes Püppchen ... muss auch keine Suppe essen, ... obwohl sie mir inzwischen »nä-h-mlich« schon sehr schmeckt!
[Als Achtjährige hatte sie sich einmal schriftlich beklagt, dass ihr die Suppe, die sie essen sollte, »nähmlich« gar nicht geschmeckt habe.]
Immer Deine Alexandra.

Alexandra hatte ein so großes Kontingent an Liebe, sie hätte ganze Völkerstämme damit bedienen können. Sie hatte aber auch die Gabe, ihre Familie, die ihres Verlobten Ralph und ihre Freunde spüren zu lassen, dass sich ihre Liebe voll auf sie alle und auf jeden Einzelnen konzentrierte, ohne jemandem etwas vorzumachen. Sie liebte einfach, alle. Deshalb musste ich auch keine Minute fürchten, sie an einen Mann zu verlieren. Sie liebte ihren Ralph abgöttisch, und ihren Vater und mich auch. So einfach war das!

Auch Ralph, den Alexandra bereits seit dem Kindergarten kannte, wuchs in einer Familie auf, in der man mit großem Respekt und noch viel mehr Liebe miteinander umgeht. Hier trafen zum Glück zwei ähnlich strukturierte Welten aufeinander. Allerdings hat es einige Jahre gebraucht, bis sie sich wirklich gefunden hatten, denn der entscheidende Funke wollte lange nicht überspringen. Als Alexandra vierzehn Jahre alt war, hatte Ralph versucht, sie zu küssen. Es war eine unspektakuläre Situation, weil er nicht wusste, wie er es anstellen sollte, und auch sie wusste nicht so recht, wie es geht. Sie hatten sich beide an einem Filmkuss orientiert, und das Resultat war entsprechend enttäuschend.

Die nächsten Jahre trafen sie sich zwar immer wieder, hatten aber keine intensiven Berührungspunkte. Er hatte andere Mädchen im Sinn, sie träumte von anderen Jungs. Ralph hatte zwar – wie er mir später gestand – durchaus Augen für Alexandra, scheute sich aber, in bestehende Freundschaften einzubrechen. Mit anderen Worten: Er traf nie in die entscheidenden Lücken, wenn sie sich gerade getrennt hatte.

Es kam dann doch, wie es kommen musste: Sie verliebten sich ineinander. Alexandra selbst schilderte die ersten Schmetterlinge im Bauch so:

Meine Freundin hat mich mitgenommen. Unbequem aber très chic habe ich mich vorne auf ihr wunderschönes Boot gelegt ... und er, den ich schon Jahre kenne, schwimmt vom Ufer aus auf uns zu. Ich sehe seinen Kopf aus dem Wasser ragen. Die Sonne fängt sich mit strahlendem Glanz genau in seinen dunklen Katzenaugen ... Das Wasser perlt durch sein schwarzes Haar, seine olivbraune Haut schimmert geheimnisvoll, als wolle sie mir verraten, wie schön es sein kann, sie zu berühren. Er strahlt und mit ihm seine blüten-

*Alexandra mit Ralph,
ihrem Verlobten, beim ersten gemeinsamen
Urlaub in Kitzbühel.*

weißen Zähne ... Dann faßt er sich durch die Haare, als müßte er es tun, weil ich es nicht darf ... noch nicht! Und was mache ich? Ganz einfach – cool sein! Ihn anlächeln! ... albern rumkichern ... Ich bin verwirrt und benehme mich wie eine Fünfzehnjährige.

So verliebten sie sich. Startschwierigkeiten gab es dabei en masse. Beide glaubten, sie könnten ihren damaligen Partner nicht enttäuschen, aber – Rosamunde Pilcher hat es uns vorgemacht – ihre Liebe war stärker. Und damit begann für beide ein Märchen, das sie oft nicht glauben, nicht begreifen konnten. »Zwick mich mal, damit ich weiß, dass es wahr ist«, sagten sie.
Nach einigen glücklichen Monaten zwickte Alexandra aber noch etwas anderes: Sie teilte mir ihre Sorge mit, dass Ralph sie zwar gut fände und sich auch durchaus verliebt zeige, sie aber keine Anzeichen dafür sehe, dass er jemals ernst machen würde. Ich war nur ein kleines bisschen erleichtert, dass meine verwöhnte Tochter so etwas auch einmal erlebte. Gleichzeitig machten sich aber auch in mir Zweifel breit, ob sie für Ralph das »Nonplusultra« wäre, das ich in meinem Mutterstolz für selbstverständlich gehalten hatte.
»Mami, wenn er es im Frühling nicht packt, wo das doch die Jahreszeit für Verliebte ist, was soll ich dann tun?«, löcherte sie mich immer wieder.
»Ich wusste gar nicht, dass die Jugend so romantisch sein kann. Ihr seid doch sonst so cool«, antwortete ich, weil mir nichts Besseres dazu einfiel. Ich konnte ja auch nicht wissen, wie es in ihrem Freund aussah. »Das bringt uns

auch nicht weiter«, stellte Alexandra fest. »Überleg dir mal was, Mami – ernsthaft! Nicht ablenken!«
Es wurde April, es wurde Mai, es wurde Juni. Nichts geschah. Endlich – der Vollmond schimmerte silbern über dem Starnberger See – begab Ralph sich, bewaffnet mit Laterne und einer Flasche Rotwein, mit ihr auf den Weg zu einer kleinen Kapelle, um dort »einen romantischen Abend zu genießen«. So sagte er wörtlich. Sie machten es sich auf dem kleinen Hügel zu Füßen des winzigen Gotteshauses gemütlich. Er hatte Herzklopfen, sie war völlig ahnungslos. Und dann fragte er sie, scheinbar unvermittelt: »Kannst du dir vorstellen, meine Frau zu werden?«
Er konnte den Satz, wie sie mir später erzählten, gar nicht zu Ende bringen, da schrie sie schon beglückt und auch erleichtert: »Ja!« Sie waren verlobt.
Später einmal fragte ich Ralph, weshalb er so lange gewartet und meine Alexandra auf den Siedepunkt gebracht hatte. Seine Erklärung war pragmatisch: Er hatte einen Verlobungsring entworfen und einem Goldschmied in Auftrag gegeben; die Anfertigung zog sich hin. Dann kam der oben beschriebene warme Sommerabend, und es musste auch ohne Ring gehen.

Ein paar Tage später luden mich die beiden in Häring's Wirtschaft in Tutzing zum Abendessen ein. Sie liegt direkt am See, genau gegenüber der kleinen Kapelle, die ich am Berghang erahnen konnte. Alexandra spielte – wie zufällig – mit einem wunderschönen Ring. Die beiden schauten mich erwartungsvoll an.
»Ist dieser Traumring neu?«, fragte ich, wie sie es natürlich erhofft hatten.

»Brandneu«, lächelte Alexandra.
Ralph erhob sich feierlich: »Ich möchte dich um die Hand deiner Tochter bitten.«
»Nur um die Hand?«, fragte ich ironisch verlegen zurück. Ich war damals der Situation einfach nicht gewachsen, denn ich hatte so etwas noch nie erlebt.
»Bitte Mami, nimm das ernst!«, mahnte meine Tochter.
Das tat ich dann auch. Wir feierten bei Champagner bis in die Nacht. Dann hielt Alexandra es nicht mehr aus. Sie rutschte unruhig auf ihrem Stuhl hin und her. »Wenn der Papi schon nicht diesen Abend mit uns genießen wollte, müssen wir jetzt aber unbedingt zu ihm. Ich bin so gespannt, was er dazu sagt, und platze fast vor Neugier!«
Ihr Vater freute sich, wenn auch verhalten, wie es seine Art ist. Ich hatte die beiden schon vorgewarnt: »Er wird euch bestimmt erzählen, dass das nicht gut gehen kann!«
»Das kann nicht gut gehen!«, sagte Alexandras Vater. Ich muss gleich hinzufügen, dass er Ralph liebt und großen Respekt vor ihm hat – eigentlich von Anfang an.

Das Gefühl einer Leere, als sie sich nun ihr eigenes Leben aufbauten, gab es für mich nicht. Ich fühlte mich als Mutter in der Liebe dieses Kindes aufgehoben und geborgen. Ich hatte auch allen Grund dazu. Wenn wir einmal nicht telefonieren konnten, erreichten mich, uns Gute-Nacht-Grüße per Fax:

Liebste Mami!
Liebster Doc-Daddy!
Könnte es vielleicht möglich sein,
dass Ihr gar nicht wissen könnt,
wie lieb wir
Euch haben?
Na, ... dann wird's Zeit!
S E H R   V I E L !

Gute Nacht!
Bis Morgen.

Darunter malte sie uns ein dickes Herz.

Im April ein weiteres Fax von Alexandra und Ralph. Ich sollte am nächsten Tag für meine Lieblingssendung auf Bayernreise gehen.

Gute Nacht Ihr Zwei!
ooo ... und Dir Mami, viel Erfolg,
möglichst wenig Streß,
und pack Dich bitte warm ein!
Und mach nichts (gefährliches) was Du sonst vielleicht auch nicht freiwillig machen würdest!
(Da kannste mal sehen wie nervig es ist, daß wir uns sorgen!)
Aber besser nervig als »wurscht.«
Jawohl!
Viele Gute Nacht-Bussis von Alexandra und Ralph
[Dazu gemaltes Blümchen und Herzchen]

»Und bitte nicht zu frech, versprich mir das.«

Alexandra wollte eine große Hochzeit. Die aber war nicht nach ihres Vaters Geschmack. »Zu einer Weltreise lade ich euch gerne ein. Aber eine Hochzeit mit so vielen Leuten, von denen ich die wenigsten kenne, das mache ich nicht mit. Auf mich müsst ihr dann verzichten!« Alexandra war schwer enttäuscht: »Aber Papi, es geht doch nicht um deine, sondern um meine Hochzeit.« Dann wurde sie diplomatisch: »Und du wirst auch am Tisch der schönsten Frau des Abends sitzen«, versuchte sie ihn zu ködern. »Außer Mami natürlich«, fügte sie schnell hinzu. Nicht einmal diese Vorstellung fand Gegenliebe bei ihrem Vater.

Ehrlich gesagt, auch mir war etwas unbehaglich bei dem Gedanken, dass ein Brautpaar am schönsten Tag seines Lebens kaum Zeit für sich selbst haben sollte, weil es sich um jeden einzelnen Gast kümmern muss. Ich hätte die angebotene Weltreise mit Handkuss genommen. Weit vom Schuss, mit dem Liebsten allein oder höchstens noch mit den Eltern.

Aber es ging ja schließlich nicht um mich, sondern um die beiden Glücklichen. Und die wollten nun mal eine große Hochzeit mit vielen Freunden und Verwandten. »Gut, wenn ihr nicht wollt, organisiere ich mir eben alles selbst«, trotzte mein Mäuschen und zerdrückte ein paar Tränchen. Sie wusste nur zu gut, dass wir – mit ein bisschen Mühe – weich zu klopfen waren.

Als ich den Kauf ihres Brautkleides anregte, war sie schnell wieder getröstet. »Das Kleid auszusuchen ist doch nun wirklich nichts für deinen Vater. Männer haben da andere, sicher aber sparsamere Vorstellungen, Alexandra. Und ich möchte, wenn schon große Hochzeit, dass du wie eine Königin ausschaust.«
»Und Ralph darf es ja sowieso nicht sehen«, sagte Alexandra. Von diesem Brauch hatte ich noch nie gehört. Man lernt doch nicht aus. Jedenfalls war endgültig geklärt: große Hochzeit ja, Weltreise nein. Oder doch zusätzlich? Alexandras Vater lächelte hintergründig.
»Papi, du musst auch eine Rede halten auf die Braut, das muss sein, und das tun alle Väter … Und bitte nicht zu frech, versprich mir das. Ich kenn dich doch!«
»Wie soll ich denn frech sein, wenn ich gar nicht komme?« Typisch Gerhard. Er ist bekannt für seine spritzigen Tischreden. Und er hätte bei seiner Tochter sicher nicht versagt.

Ein paar Tage später machten wir uns auf die Suche nach einem Prinzessinnenkleid. Das Spezialbrautgeschäft mitten in München machte einen luxuriösen Eindruck. Ich betrat dort Neuland. Noch nie hatte ich mich für ein Brautkleid interessiert. Meine eigene Hochzeit war ja eher nüchtern, wie man weiß. Wir wurden liebevollst bedient, nein beraten. Nach dem üblichen Verkäufergeplänkel und nachdem man herausgefunden hatte, dass Alexandra ganz feste Vorstellungen hatte, konnten wir endlich eine Vorauswahl aus dem riesigen Angebot treffen. Alexandra verschwand zum Umziehen.
Ich war doch tatsächlich aufgeregt, wurde derweil ver-

wöhnt mit Champagner, nein, eher ertränkt in demselben, bis ich nur noch Doppelbräute sah. Die zwei Alexandras sahen jedenfalls in jedem Kleid hinreißend aus. Im schmalen, durchsichtig-eleganten, lieblich-mädchenhaften, aufwändigen ... Plötzlich: Das ist es! Wie eine Königin! Unsere Augen trafen sich. Ein verräterisches Glitzern in den ihren sagte mir, wir sind uns einig. »Gebongt!«, sagte ich voreilig.

Es war das Brautkleid schlechthin: weißer Duchesse mit Silberschimmer, Tausenden kleiner Perlen und Silberranken, nobel, aber auch opulent. Dazu eine Riesenschleppe und für die Kirche ein Mantel. Alexandra war einfach wunderschön. Die Schneiderin steckte schon die Taille schmaler, da entdeckte Alexandra den Preis: siebentausend Mark. Sie reagierte auf der Stelle. Nicht etwa mit einem Aufschrei: »Das ist ja viel zu teuer. Das kann meine Mutter nie und nimmer bezahlen!« (Ich hätte doch – und zwar hemmungslos!) Nein, sie machte es – typisch für meine Tochter – taktvoll.

»Irgendwas finde ich trotzdem, was mir noch nicht endgültig gefällt«, formulierte sie vorsichtig. »Es ist – glaube ich – für eine Dorfkirche doch zu üppig. Eher was für einen Sissi-Film. Hätten Sie nicht doch ein bisschen was Schlichteres?« Die Verkäuferin staunte uns ungläubig an. Zuerst diese Begeisterung und dann doch nicht ... Sie hätte wohl gern den Kopf geschüttelt. Das aber verbot ihre Verkaufsstrategie.

Eilfertig schaute sie sich um nach »ein bisschen was Schlichterem« und wurde fündig. Alexandra gefiel es sehr – mit Vorbehalt: Sie nestelte nach dem Preis. »Nichts da, die Braut darf nicht auf den Preis schauen,

das bringt sieben Jahre Verdruss in der Ehe«, zitierte ich eine nicht vorhandene Volksweisheit. Und flüsterte ihr auch noch zu, dass der Preis mäßig sei und in keinem Verhältnis stehe zu dem von der Sissi-Robe. Alexandra war beruhigt. Die Anprobe konnte losgehen. Wir beschlossen, das Oberteil etwas kindlicher zu gestalten, und eine Stola für die Kirche musste her. Erstens aus Sittlichkeitsgründen, zweitens: Auch im August kann es in unseren Breiten eiskalt sein.
»Kann ich das Kleid anzahlen?«, flüsterte ich dem Verkäufer heimlich zu. Ich wollte sicher sein.
»Es ist eine Robe und nur einmal da, und das hat natürlich seinen Preis«, raunte er mir zu.
»Wie viel?«
»2.100 Mark, und die Stola kommt noch dazu, für noch einmal 800 Mark sind Sie dabei«, kicherte er, überwältigt von seinem Humor.
»Sind Sie einverstanden, wenn ich eine Anzahlung mache?«
»Selbstverständlich!«
»Und kein Wort zu meiner Tochter?«
»Selbstverständlich nicht!«
»Mami«, jubelte Alexandra, »ich bin so froh über das Kleid, es wird genau so, wie ich es mir vorgestellt hatte. Und – ich muss dir das mal sagen – ich kenne keine Mutter auf dieser Welt, die so viel Geduld gehabt hätte. Weißt du, wie lange wir schon hier sind? Dreieinhalb Stunden. Ich liebe dich, Mami.« Sie fiel mir vor den gerührten Verkäufern um den Hals und küsste mich. Ich bin sicher, die hatten eine solche Szene auch noch nie erlebt.

Die Hochzeit rückte näher. Unsere beiden Glücklichen mussten nun die Papiere zusammenbringen. Und die Kirche war wichtig. Da kam nur Andechs in Frage. Pater Anselm, der Prior des Klosters, sowieso. Aber Andechs wurde restauriert. Sie schauten sich jede Kirche im Landkreis an. Die schönsten, vor allem die barocken, waren ausgebucht – von heiratswütigen Münchnern. Jedenfalls im August. Bei der mühsamen Kirchensuche stellte sich heraus, dass die Pfarrei-Sekretärinnen in der Regel wahre Besen waren, »Hochwürdens« dagegen zeigten sich durchweg leutselig.

Endlich wurden die Brautleute fündig in Aufkirchen, einer Wallfahrtskirche, die der Muttergottes geweiht ist. Hier war auch mein Vater mit seiner zweiten Frau getraut worden, mein Vater ist dort beerdigt, meine Freundin hat dort geheiratet, und überhaupt wurden hier unsere sämtlichen Familienfeiern begangen, die den Segen der Kirche brauchen. Es ist ein schönes, schlichtes Gotteshaus. Drum herum schmiegt sich der Friedhof mit Blick über sanfte Hügel, die sich dem Starnberger See zuneigen. Alexandra und ihr Verlobter Ralph waren zufrieden, zumal Pater Anselm sie auch hier trauen konnte.

Am 27. Juli sollte die standesamtliche Trauung in Starnberg sein, am 4. August die große Hochzeit. Stundenlang bastelten Alexandra und Ralph an den Einladungen. Faxe über Faxe bekam ich zur Begutachtung geschickt. Unverkennbar der romantische Kick bei beiden. Ich habe mir die Auswahl nicht leicht gemacht, die Entwürfe verglichen, verworfen, variiert, verkleinert und vergrößert. Verprellt habe ich die Brautleute bestimmt auch.

Endlich: Alexandra als strahlender Mittelpunkt zwischen Ralph, seinen und ihren Eltern.

Denn Alexandra faxte mir amüsiert enttäuscht zurück, sie fände alles genial. »Warum nicht auch du, Mamski?«
»Ich bin ja selbst sehr angetan, plädiere aber für einen Kompromiss! Von diesem das, von jenem dies und alles ein bisschen schlichter, wenn ihr mich schon fragt.« Ich hatte es leicht, ich brauchte nur zu kritisieren. Die beiden aber mussten kreativ sein, der schwierigere Part, wie man weiß.
Schwierig war es auch, einen genügend großen Saal für die vielen Hochzeitsgäste zu ergattern. Der ganze Landkreis war offensichtlich im Hochzeitsfieber. Alexandra und Ralph entschieden sich für die Schlossgaststätte mit Theater in Leutstetten bei Starnberg. Hochzeitsmenü, Programm und Dekoration mussten schließlich harmonieren. Im Nachhinein muss ich noch Danke sagen für die vielen freundschaftlichen Tipps vom Pächter und von seiner Crew, die auch die Hochzeitsfeier zu einem unvergesslichen Erlebnis machen sollten.

Nicht so einfach stellten sich Alexandra und Ralph den Brautunterricht vor. Da aber kannten sie Pater Anselm schlecht: Er steht mitten im Leben und gibt sich niemals frömmelnd, ist vielmehr angenehm flexibel. Die Trauungszeremonie probte er mit ihnen in verteilten Rollen. Als sie anregten, die Formel »bis dass der Tod euch scheidet« zu Gunsten von »bis in alle Ewigkeit« ändern zu wollen, war er sofort einverstanden. »Das Wort Tod im Zusammenhang mit einer Liebesverbindung schockt mich«, erklärte Alexandra.
Theoretisch waren sie nun schon Mann und Frau, und Alexandra platzte fast vor Glück. Sie rief mich noch auf

dem Heimweg von Andechs voller Vorfreude an: »Mami, wir kommen gerade vom Brautunterricht und haben mit Pater Anselm alles besprochen. Und wir haben auch schon die AUSSEGNUNG unterschrieben.« Sekundenlange Pause. Mir schwankte der Boden unter den Füßen, denn eine Aussegnung gibt es nur bei Tod.
Alexandra fragte mit gepresster Stimme: »Ist das jetzt ein böses Omen, Mami?« Wie gut, dass sie mich nicht sehen konnte. Ich antwortete mit gespielter Leichtigkeit, ihre Ängstlichkeit kennend: »Ein Versprecher kann niemals ein böses Omen sein, Mäuschen.«
Sie muss sich nicht damit zufrieden gegeben haben und wirkte den ganzen Abend unruhig.

Und ich erst. Seit Wochen schon hatte ich ein unerklärliches Katastrophengefühl. Ich sagte es in einer schwachen Stunde Alexandra. »Du verstehst doch wohl nicht meine Hochzeit darunter?«, scherzte sie, um mich aufzubauen. Ich wusste es nicht, aber diese Vorahnung von etwas Schrecklichem war nicht wegzuscheuchen. Schließlich behielt ich sie dann doch lieber für mich.
Auch im Fernsehen fiel mein verändertes Wesen auf. »Was ist nur los mit dir?«, rügte ein Redakteur. »Sonst bist du doch so sicher. Aber irgendetwas stimmt nicht mit dir.« Auch Alexandra sorgte sich. »Mir fällt auf, dass du in letzter Zeit nicht mehr lachst, jedenfalls nicht mehr so oft und so ausgelassen. Ich kenne dich doch, Mamski! Aber warte mal ab, bis ich die Staffel hinter mir habe, [gemeint waren ihre Wissenschaftssendungen für *BR-alpha*], dann wirst du wieder lachen. Ich mach das schon …«.

»Man muss nicht alles machen, Mami, es gibt noch etwas anderes als nur arbeiten.«

Ich kenne mich nur als rational denkenden Menschen, diese Stimmung aber muss eine Vorahnung von etwas Unfassbarem gewesen sein. Am Nachmittag zuvor hatte mich Alexandra angerufen. Wir sprachen darüber, dass ich ganz offensichtlich überarbeitet sei. »Und morgen soll ich auch noch für den BR eine Reportage im Salzbergwerk Berchtesgaden machen. Das mache ich im Prinzip ja gern, aber es ist doch ein bisschen viel in letzter Zeit«, klagte ich ihr. »Man muss nicht alles machen, Mami, es gibt noch etwas anderes als nur arbeiten. Versprich mir, dass du das morgen nicht machst!«, forderte sie liebevoll. Ich versprach es und sagte ab. Es war unser letztes Gespräch. Was ich nicht wusste, war, dass man daraufhin ihr die Moderation im Salzbergwerk angetragen hatte.

Am gleichen Abend moderierte ich eine Gala für Multiple-Sklerose-Erkrankte im Münchener Prinzregententheater, die bis in die Nacht dauerte. Auch dort stellte ich – und sicher auch mein Publikum – eine bis dahin völlig unbekannte Nervosität an mir fest. Es war ein wunderschönes Konzert mit Lorin Maazel und international bekannten Interpreten. Der zukünftige Intendant des BR machte uns Eltern Komplimente für die begabte Tochter, die ihm in *BR-alpha* »angenehm aufgefallen war«. Alexandras Vater erzählte ihm von seinem »Er-

lebnis«, dass er Alexandra und ihre Sendungen ein paar Mal angeschaut, aber nichts begriffen hätte. »Und«, sagte er sein Standardsprüchlein auf, »Alexandra ist die einzige Frau, die mich noch nie geärgert hat!« Auch wenn er das »gebetsmühlenartig«, wie seine Tochter sagte, wieder und wieder zum Besten gab – es stimmte.
Nachdem wir bei einem Gläschen Wein Streicheleinheiten für die vielen großzügigen Sponsoren der MS-Patienten verteilt hatten, fuhren wir heim.
Nach unruhiger Nacht stand ich gegen acht Uhr auf und machte mich im Bad zurecht. Dabei habe ich immer meine kleine Quäkmaschine an, um Nachrichten zu hören. »Auf der Autobahn Salzburg elf Kilometer Stau nach einem Unfall«, meldete der Sprecher. Niemand aus meiner Familie konnte beteiligt sein. Woher kam dann dieses ohnmächtige Gefühl? Ich brauchte Kommunikation und ging die Treppe hinunter zu meinem Mann. Der saß friedlich in seine Zeitung vertieft im Sessel.
»Hat Alexandra heute schon angerufen?«, fragte ich.
»Ja, vor ungefähr einer halben Stunde. Sie ist auf dem Weg zum Salzbergwerk nach Berchtesgaden, soll wohl dort etwas moderieren.«
»Und auf dieser Strecke hat es einen furchtbaren Unfall gegeben!« Ich schrie es fast.
»Nun mal nicht hysterisch werden«, wollte ihr Vater mich beruhigen. Ich hörte gar nicht hin. Mit zitternden Fingern wählte ich die Telefonnummer vom Salzbergwerk.
»Das Team ist schon da, aber der Termin ist für heute abgesagt!« Das konnte nur Schreckliches bedeuten. Mein Herz krampfte sich zusammen. Das tut es heute

noch, während ich dies schreibe. »Das Fernsehen muss mehr wissen«, war mein nächster Gedanke. Ich wählte und wurde von einem Platz zum anderen verbunden. Schließlich bekam ich den Redaktionsleiter zu fassen. »Ja«, sagte er mit tonloser Stimme, »Alexandra ist in den Unfall verwickelt. Mehr weiß ich nicht.« Mir ging in diesem Augenblick der Boden unter den Füßen weg. In Panik rief ich meine Freundin Uschi an: »Du musst sofort kommen. Es ist etwas Fürchterliches passiert. Alexandra hatte einen Unfall. Ich will sofort zu ihr.« – »Ich komme!«, sagte sie knapp.

Alexandras Vater hatte inzwischen die Krankenhäuser der Umgebung angerufen, ohne Erfolg. Ich versuchte, ihren Verlobten zu erreichen, der auf einer Laser-Messe in München war. »Ich fahre sofort hin«, beschloss er. Inzwischen war auch meine Freundin angekommen. »Wir fahren nicht zur Unfallstelle, es ist besser, im Klinikum Großhadern anzurufen und alles für den Notfall vorbereiten zu lassen«, entschied sie. »Es wäre doch unsinnig, Richtung Rosenheim zu fahren, und derweil fliegt vielleicht der Hubschrauber mit ihr über uns weg in die Klinik.«

Auch mein Mann protestierte: »Ich will nicht, dass ihr in diesem Zustand Auto fahrt.« Er rief stattdessen den örtlichen Polizei-Dienststellenleiter an, der versprach, sich bei den Kollegen von der Autobahn zu erkundigen. Wir versuchten einen erneuten Anruf bei Alexandras Verlobten. Er war bis Holzkirchen gekommen, dann geriet auch er in Panik und war nicht imstande weiterzufahren. Hilfreiche Polizisten, bei denen er sich erkundigt hatte, wollten ihn zur Unfallstelle fahren. Nach einem erneuten Gespräch mit den Rosenheimer Kollegen mussten sie ihm aber sagen, dass »eine Person schon verstorben sei«. Obwohl für Ralph feststand, dass Alexandra gemeint war, hatte er nicht die Kraft und auch nicht den Mut, es mir zu sagen.

Wir erhielten keinerlei Nachrichten. Mein Herz raste. Irgendwann hielt ein Polizeiwagen vor dem Tor. Zwei Beamte stiegen aus. Mein Mann ging ihnen entgegen. Ich sehe es noch vor mir, wie er in die Knie sackt und zusammenbricht. Sie stützen ihn. »Jetzt ist alles aus«, sage ich zu meiner Freundin Uschi. Auch sie weiß es. Die beiden Beamten führen meinen Mann ins Haus und zu einem Sessel. Er ist grau im Gesicht.
»Sie müssen jetzt stark sein«, sagt einer von ihnen zu mir. »Ihre Tochter ist tot.«
Ich will es nicht wahrhaben.
»Nein!«, schreie ich. »Nein! Sagen Sie, dass es nicht wahr ist!«
»Es ist wahr, es tut mir Leid, Ihnen das sagen zu müssen.«
»Nein! Ich will es nicht glauben. Nein!«
Wie lange ich geschrien habe, weiß ich nicht. Ich weiß nur noch, dass der fürsorgliche Polizist lange vor mir auf dem harten Parkettboden kniete, meinen Arm streichelte und meinen Puls fühlte. Der ging langsam, gefährlich langsam. Ich fühlte eine totenähnliche Starre in mir hochsteigen, die mich erst nach der Beerdigung wieder verlassen wollte.
Behutsam schilderte man mir den Unfall. Ein junger Mann, offensichtlich lebensmüde, hatte vor den entgeis-

terten Blicken anderer Autofahrer plötzlich seinen Wagen gewendet und war mit großer Geschwindigkeit auf der Autobahn in die entgegengesetzte Richtung gefahren. Am helllichten Tag bestimmt kein Versehen. Drei, vier Autos schrammte er. Sie konnten den frontalen Aufprall in letzter Sekunde vermeiden. Alexandras Wagen rammte er. Sie hatte nicht die geringste Chance. Eine leichte Rechtskurve nahm ihr den Blick, ein Lastwagen neben ihr die Möglichkeit auszuweichen. Das Resultat dieser aberwitzigen Tat: Alexandra tot, die mitfahrende Journalistin schwer verletzt, der Geisterfahrer verbrannt.
Ich brach zusammen.
Ein junger befreundeter Arzt kam vorbei, alarmiert von der Frau des Herzchirurgen Bruno Reichart. Er wollte uns allen eine Beruhigungsspritze geben. Ich weigerte mich.
»Dann eine Valium-Tablette.«
»Ich will nicht schlafen, wo ich mich doch vielleicht um Alexandra kümmern müsste.«
Alle versicherten mir, dass ich im Augenblick nichts tun könnte. Ich glaubte ihnen nicht, wollte zu ihr. »Unmöglich«, sagten sie, »sie ist in Rosenheim, und niemand kann sie sehen.«
»Aber ich bin ihre Mutter«, protestierte ich schwach, keinen Vernunftgründen zugänglich.
Endlich traf auch Alexandras Verlobter Ralph ein. Er musste eine beruhigende Injektion bekommen. »Meine Alexandra ...«, stammelte er immer wieder. »Meine Frau, das wäre sie doch bald gewesen.«
Meine Freundin Uschi, als Zweitmutter ähnlich betroffen

wie ich, nahm schließlich alles in die Hand. Sie telefonierte mit der Trauerhilfe und der Friedhofsverwaltung von Aufkirchen, wo Alexandra und Ralph wenig später geheiratet hätten. Inzwischen riefen auch die ersten Zeitungen an. Sie hatten die furchtbare Nachricht im Radio gehört. Uschi redete mit ihnen. Der BR gab eine Stellungnahme ab. Alle waren tief betroffen. Später erzählte man mir, dass im Sender nichts mehr so sein könne wie vorher. Es hat mir gut getan.

»Niemand hat sie fragen können, ob sie nicht lieber weitergelebt hätte.«

Mein Kind kam am darauf folgenden Samstag zu mir zurück – im Sarg. Man hatte sie, wie man mir glaubhaft versicherte, »schön zurechtgemacht. Sie können sie ohne weiteres anschauen!« Ich wagte nicht daran zu denken, wie sie ausgesehen haben mochte, dass man sie »zurechtmachen« musste. Aber den Sarg öffnen und sie sehen – ich konnte es einfach nicht.
Am Donnerstagmorgen war eine strahlende junge Frau in ihr Auto gestiegen. Sie hatte eine Aufgabe vor sich, die ihr Freude machte. Ihr schönster Tag – die Hochzeit – war zum Greifen nah. Dieses Leben wurde in Bruchteilen von Sekunden ausgelöscht. Ich wollte sie als das glückliche Wesen in Erinnerung behalten, das sie zeit ihres Lebens gewesen war.

Meine Freundin Uschi veranlasste, dass Alexandra ein weißes Batistkleid angezogen wurde. Ich regte an, sie in einem weiß lackierten Sarg, geschmückt mit einer Decke aus porzellanfarbenen Rosen, aufzubahren. So standen wir an den warmen Sommerabenden im Juni täglich lange vor Alexandras Sarg in der Aussegnungshalle und waren nach wie vor fassungslos und sprachlos. Ich bin es bis heute geblieben. Konnte es wirklich sein, dass sie nie mehr zurückkam?

Ich konnte mich nicht damit trösten, dass sie mitten unter uns sein und uns zuschauen sollte. Auch nicht damit, dass sie erst jetzt richtig glücklich war. »Niemand hat sie fragen können, ob sie nicht lieber weitergelebt hätte«, dachte ich verbittert. Ich wollte sie wiederhaben: ihr ansteckendes Lachen, ihre liebevolle Art, ja, auch ihre Fürsorge, ihre Eloquenz und Intelligenz, einfach alles. »Man muss sich nur ganz fest etwas wünschen«, hatte ich mir bisher immer gesagt, »dann bekommt man es auch.« Hier aber war alles Wünschen umsonst. Was hätte mich, was hätte uns, schon trösten können? Jemand sagte: »Vielleicht ist ihr so manches erspart geblieben!« Aber auch dies kann kein Trost sein.
Ich hätte so gerne Zwiesprache mit Alexandra gehalten, auch gerne einmal hemmungslos geweint, vielleicht sogar meinen Kummer laut hinaus geschrien – man hat mich nicht gelassen. Da lauerten, auch noch im Halbdunkel, die Fotografen, und ich wollte ihnen keine Show liefern.

Die Beerdigung rückte näher. Mir graute davor. Die örtliche Polizei warnte: »Es haben sich eine ganze Menge TV-Teams, Zeitungen und Fotografen angemeldet, ganz offiziell. Wir können es nicht verbieten. Da müssen wir jetzt durch.« Aufkirchens Geschäfte blieben an diesem Tag geschlossen. »Wir verkaufen ja doch nichts, und außerdem wollen wir selbst etwas sehen«, meinten die Ladenbesitzer. Immerhin waren sie ehrlich – auch als sie der örtlichen Ausgabe der Süddeutschen Zeitung stolz verrieten, sie hätten in den Tagen nach der Beerdigung dreißig Prozent mehr Umsatz gemacht als sonst, weil ganze Busladungen von Menschen das Grab sehen wollten.

Donnerstag, 28. Juni 2001. Mitten in einer Kette schöner, heißer Sommertage weinte der Himmel um Alexandra. Wir trafen uns alle bei meiner Freundin Uschi. Sie war der Meinung, wir müssten uns vor dem Trauergottesdienst mit einem Frühstück stärken. Niemand hatte Hunger. Auch unser junger Arzt Bruno Meiser war da. Er schlug vor, in der Kirche unmittelbar hinter mir zu sitzen und mir ohne Aufhebens eine Spritze zu verpassen, sollte ich zusammenklappen. Prophylaktisch gab er uns allen eine Beruhigungstablette. Mein Mann weigerte sich als Einziger. Er wollte das, was auf uns zukommen sollte, bewusst und klar miterleben, argumentierte er. Da ich nie Tranquilizer nehme, erlebte ich die folgenden Stunden wie durch einen Vorhang.

Wir machten uns auf den Weg zur Beerdigung. Uschi hatte für mich einen besonders dichten Schleier ausgesucht, »damit du vor den neugierigen Blicken geschützt bist«. Vor der Kirche erwartete uns das erste Blitzlichtgewitter. Wir flohen ins Gotteshaus, wo es ruhig war, hier waren keine Fotos erlaubt. Ich hörte die Musik, das Orgelspiel, und musste weinen, es schüttelte mich. Besorgtes Streicheln von allen Seiten. Ich fasste mich wieder. Wir hatten für den Trauergottesdienst zum Teil Lieder ausgesucht, die Alexandra und Ralph für ihre Hochzeit vorgesehen hatten.

Der Benediktinermönch Anselm Bilgri und Pfarrer Konrad Schreiegg aus Starnberg, bei dem Alexandra Kommunionkind war, lasen die Messe gemeinsam. Pater Anselm blinzelte mir immer wieder aufmunternd zu. Seine Worte werde ich nie vergessen. Ich saugte sie buchstäblich auf. Er redete davon, wie hart es auch ihn treffe, in der gleichen Kirche Alexandras Tod beweinen zu müssen, in der er sie hätte trauen sollen. Er fand zu Herzen gehende, tröstliche Worte für Eltern und Bräutigam. Dann sagte er, er wüsste nicht, ob er die Kraft hätte, dem Geisterfahrer zu verzeihen. Ich liebte ihn für diese Worte und dachte, dass die Kirchen in Deutschland voll wären, wenn es ein paar hundert Priester vom menschlichen Format dieses Geistlichen gäbe.

Meine Aufmerksamkeit erschöpfte sich schlagartig, als er seine Predigt beendet hatte. An den Fortgang der Messe kann ich mich nicht mehr erinnern. Ich weiß nur noch, dass ich die Zeit anhalten wollte. Alexandra mitten unter uns – ich wünschte mir, es könnte immer so sein. Der schwerste Weg aber stand uns noch bevor: der Gang zum Grab. Meine Kräfte ließen nach. Ich stolperte aus der Bank, dem Sarg hinterher, wurde aber von

Ralph und unserem Freund Poldi aufgefangen. Auch mein Mann war sichtlich am Ende. Meine Freundinnen Uschi und Eva stützten ihn.

Warum war der Weg so endlos lang? Ich war dankbar für den Schleier, denn nun blitzte es von allen Seiten. Ein Hauch von Schadenfreude kam in mir hoch: Das Foto, auf das sie erpicht waren – Fehlanzeige. Dann passierte es aber doch noch. Als ich ans Grab treten sollte für einen letzten Gruß, wurde mir hinter meinem »Vorhang« schlecht, ich strauchelte und wäre fast ins Grab gestürzt. Der schnelle und feste Zugriff meines Freundes Poldi konnte das verhindern. Ich musste Luft schöpfen und nahm den Schleier hoch. Augenblickliches Blitzlichtgewitter. Mein Freund von der Polizei, Hartmann Förster, befahl nur kurz: »Schleier runter!«, und zu Poldi, in Derrick-Manier: »Poldi, hol den Wagen!«

Ich saß auf einem Stuhl, umringt von Verwandten und engen Freunden. Mein Patenkind Manuel, ein Riese von über 1,90 Meter, schützte mich vor neugierigen Blicken. Der Wagen fuhr vor, Poldi hob mich fast hinein, und uns blieb nur noch die Flucht. Die Flucht ins Gasthaus zum Trauerschmaus.

Trauerschmaus – für mich ein Unwort. Wie kann man schmausen, wenn man das Liebste, das man hatte, verliert? In diesem Augenblick dachte ich an Alexandra und daran, dass sie alles zum Fest erklärt hatte und hätte. Also doch Trauerschmaus? Ich weiß nicht einmal mehr, ob ich etwas gegessen habe und wer mit mir am Tisch saß. Müde war ich, unendlich müde, und ich hatte schreckliche Angst vor der Nacht und der Einsamkeit.

An diesem Abend bin ich sofort eingeschlafen. Es ist ein erschöpfter, ein todesähnlicher Schlaf. Mitten in der schwärzesten Nacht, wenn sich normalerweise schon Mini-Sorgen zu Jumbo-Problemen aufblähen, wache ich auf mit rasendem Herzklopfen.
Wo ist Alexandra?
Gleich wird sie anrufen und sagen: »Alles okay, Mami!« Wie immer, wenn sie unterwegs ist. Ich versuche mich zu beruhigen.
Es klingelt. Ich bilde mir im Halbschlaf doch tatsächlich ein, dass es mein Handy ist. Aber es ist Trug, Illusion, nichts als eine Seifenblase.
Ich habe Heimweh nach ihr.
Was scheren mich die Forderungen, die man an mich stellen wird:
»Du bist eine starke Frau!«
»Du musst tapfer sein.«
Für wen eigentlich und für was? Ich will nur eins: flüchten – zu ihr.
Wer aber garantiert mir, dass ich Alexandra wiedersehe, wenn ich nicht mehr leben will, weil das Leben ohne sie für mich keinen Pfifferling mehr wert ist? Und was ist mit dem Sack voller Sünden, die sich mit den Jahren angesammelt haben, denen ich dann noch eine unverzeihliche hinzufügen würde? Ich bin kein unbeschriebenes Blatt, wie Alexandra eines war. Die Chancen stehen schlecht für mich, dass ich ohne größere Umwege in den Himmel komme. Dort ist sie aber ganz bestimmt. Dann könnte es unter Umständen lange dauern, bis wir uns wieder treffen können. Wenn es dumm kommt, vielleicht sogar nie?

Ich erlebe meine eigene Apokalypse, meinen Weltuntergang. Ich möchte meine Panik hinausschreien und zugleich unter Kontrolle bringen. Was aber kann zum Beispiel mein armer Mann für mein Waterloo? Er würde zu Tode erschrecken. Ganz bestimmt! Durchdrehen ist nicht mein Stil, rede ich mir gut zu. Die Gedanken verwirren sich. Ich hoffe auf den Morgen und fürchte mich davor. Denn dann muss ich mir wieder sagen: »Es war kein Alptraum. Es ist grausame Wirklichkeit!«

Alexandras Vater macht mich zuweilen ein bisschen neidisch. Er sagt, er sei im Dialog mit seiner Tochter.
Und warum verweigert sie sich mir? Ich bin enttäuscht.
Immer wieder denke ich, die Erde tut sich auf, der Himmel verdunkelt sich. Zynischerweise aber geht rings um mich das Leben weiter – und wie! Alles blüht, die Sonne scheint. Ich höre einen Rasenmäher ganz in der Nähe, als ob nichts wäre.
»Ruhe!«, möchte ich schreien. »Ruhe! Habt ihr denn nicht kapiert? Mein Kind ist tot, ausgelöscht von einem lebensmüden Selbstmörder.«

Der Hass auf den Verursacher ist maßlos.
»Du musst verzeihen können«, sagen die Menschen.
Was denn noch? Stark sein, tapfer sein und auch noch großmütig verzeihen? Ist das nicht ein bisschen viel verlangt für einen schwachen Menschen, der sein Liebstes unwiederbringlich verloren hat?
»Hass bringt nichts, er schwächt dich noch mehr«, redet mein Mann auf mich ein. Ich fühle mich wie amputiert. Das Vernichtungsgefühl will nicht weichen ...

Ich habe im Schock meine Sprache verloren, bin tonlos, kann nur mehr flüstern.

Dabei kommt Trost von allen Seiten, unseren Freunden, auch von den vielen Menschen, die uns rührende Briefe schreiben. Ich lese sie alle.
Immer wieder sagen und schreiben sie: »Das Leben geht weiter und die Zeit heilt alle Wunden.«
Verzeihung – aber das glaube ich nicht. Ich kann es nicht.
Briefe, die mich erschüttern und aufwühlen, erreichen mich täglich.
Es sind inzwischen Tausende. Ich habe daraus gelernt. Um uns herum leben Menschen mit unvorstellbarem Kummer. Sie leiden alle nicht weniger als ich. Aber sie leiden mit mir, wollen mich trösten und zugleich sich selbst an meinem Schicksal. Das hat meinen Glauben an die Menschheit wieder einmal zementiert.
Wen würde es nicht berühren, wenn eine Mutter, die drei Kinder hintereinander verloren hat, eine Kerze schickt und für Alexandra Messen lesen lässt? Auch Väter, die um ihr Kind trauern, zeigen sich überraschend sensibel, schreiben mir ihren Kummer von der Seele. Sie alle finden liebevolle Worte für meine Trauer um Alexandra.
Natürlich löchern mich auch Möchtegern-Psychologen, Esoteriker, Scientologen und alle möglichen Sektenanhänger mit Ratschlägen. Sie empfehlen mir unter anderem, Kontakt mit Alexandra aufzunehmen – zum Beispiel durch ein Medium. Bis zum Stühle- oder Tischrücken ist alles im Angebot. Ich lehne das ab. Als nüch-

terner Mensch, vor allem aber als Katholikin ist es für mich fauler Zauber und Humbug.
Es ist würdelos, besonders Alexandra gegenüber. Aber sicher auch gut gemeint. Ich will mich nicht länger damit aufhalten.

Zeit hat für mich inzwischen eine andere Dimension. Am liebsten würde ich sie nur meiner toten Tochter widmen. Und eins hab ich jetzt schon gelernt. Jeder Mensch trauert anders:
Mein Mann tröstet sich mit Vater-Tochter-Dialogen und kommt damit ganz gut zurecht, besucht aber nie ihr Grab, denn »sie ist nicht mehr dort, sie ist bei mir in unserem Haus«. Dass sie bei ihm ist, nimmt auch Alexandras Verlobter für sich in Anspruch. Er lenkt sich ab mit übermäßiger Arbeit und träumt viel von ihr.
Ich dagegen schlafe relativ gut und mit dem beschwörenden Gedanken ein: »Morgen ist die Welt wieder in Ordnung, es war nur ein böser Traum.«

Das Aufwachen ist jedes Mal kritisch und schockierend. Ich muss meine Welt mit größter Anstrengung zurechtrücken. Ich nehme das Fernglas in die Hand und schaue quer über den See nach Aufkirchen, sofern das Wetter mitmacht. Ich sehe die barocke Klostermauer, im Winter ein weißes Schneefeld und bilde mir ein, das Grab hinter einer entlaubten Baumgruppe ausmachen zu können.
»Ich komme gleich, Alexandra!«, möchte ich dann rufen.

Das erste Weihnachten ohne meine Tochter. Ich habe davor gezittert, ihre Zweitmutter Uschi nicht minder.

Wir feiern es seit 33 Jahren immer gemeinsam. Nur nicht egoistisch sein und sich nicht in der Trauer auf sich selbst konzentrieren. Das hatten wir uns beide vorgenommen. Denn schließlich waren da vier Kinder, die Anspruch auf ein fröhliches Fest hatten.

Kurz vor der Bescherung hatte sich Ralph angemeldet. Er wollte an diesem Abend unbedingt allein sein und nur zwei Blumensträuße für meine Freundin und mich abgeben. Schwarzrote und orangefarbene Rosen in Seidenkiefer gebunden. Einfach wunderschön. Und wie er da so stand, schmal geworden in den letzten Monaten und irgendwie verloren, tauschten Uschi und ich nur einen kurzen Blick, und es war um uns geschehen.

Sollte es doch noch in eine Trauerarie münden? Uschi fasste sich schnell und kredenzte Champagner. Ich muss gestehen, wir kippten das erste Glas in uns hinein, hatten vom köstlichen Geschmack nichts. Immerhin tat er seine Wirkung. Ralph aber in die dunkle Nacht und seine selbst gewählte Einsamkeit zu entlassen, das war hart für uns.

Der Abend verlief dennoch erstaunlich harmonisch. Uschis vier Kinder waren es, die das mit ihrer erfrischenden und unbekümmerten Art bewirkt hatten. Alexandra hätte es bestimmt gefreut, wir waren ganz sicher.

Der erste Berg war geschafft, oder besser: die erste Prüfung?

Die Zeit zwischen Weihnachten und Silvester hat mir schon immer zu schaffen gemacht. Skilaufen – nichts für mich. Weg von zu Hause auch nicht – mein Mann wollte nie, ich also auch nicht. Dabei war er als junger Mann sportlich bis zur Tollkühnheit, heute würde man sagen, er hat den entscheidenden Kick gesucht. Tempi passati!

Ich habe mich deshalb viele Jahre lang freiwillig für TV-Termine gemeldet zum Entzücken sämtlicher Co-Moderatoren. Diesmal aber fehlte mir alles, was zu einer perfekten Fernseharbeit gehört. Ich fühlte mich zu einer Art Zwangsruhe verurteilt.
Eva, meine Freundin von der Tagesschau und noch so manchem mehr, flog ein. Wir redeten viel und lang, gingen essen und spazieren. Es tat mir gut.
Ihr Kind war bei den Eltern ihres Mannes in Ostfriesland und tollte dort mit zwei Hunden herum. Das jedoch ging nicht lange gut. Die Mami war gefragt.
Am 30. Dezember flog Eva zurück. Ich wollte sie auf dem kleinen Umweg über Alexandras Grab in Aufkirchen zum Flughafen bringen.
Dann entdeckten wir es.
Der Stein mit der Inschrift und dem Bild von Alexandra war mit gelber Graffiti-Farbe beschmiert. Wie versteinert starrten wir auf das besudelte Grab. Die Friedhofsverwaltung stand Kopf. »Das ist bei uns noch nie passiert!«, hieß es.
War es das Werk eines Irren oder ein dummer Bubenstreich oder nur die Tat eines Wichtigtuers, der endlich einmal öffentlich Aufsehen erregen wollte? Wir waren uns sofort einig, es nicht an die Presse zu geben. Mein Mann rief die örtliche Polizei an. Unser Freund, Hartmann Förster, war der gleichen Meinung, wegen der eventuellen Trittbrettfahrer.
Eine Tageszeitung bekam dennoch Wind von der Sa-

che. Es fing eigentlich ganz harmlos an, mit einem Telefonat.

»Der BR meldet, sie hätten die Talkshow *Unter vier Augen* abgesagt, weil sie sich dazu nicht imstande fühlen?«

»Moment, ich fühle mich *noch* nicht imstande, und der BR hat vollstes Verständnis dafür.«

»Und warum ist das Grab leer? Der Chefredakteur unserer Zeitung will morgen so titeln.«

»Alexandra ist umgebettet worden, in ein großes Grab, aber das ist schon gar nicht mehr aktuell, das war Anfang Oktober.«

Ich hätte mich ohrfeigen können für diese Art von Verteidigung. Sollten sie mich doch in Ruhe lassen.

»Unser Fotograf hat schon rausbekommen, wo das neue Grab ist. Und er hat ein Bild vom geschändeten Grab mitgebracht. Das ist natürlich eine Sensation, das bringen wir auf der Titelseite.«

»Bitte nicht, ich flehe Sie an.«

»Aber warum nicht?«

»Wegen der Trittbrettfahrer«, versuchte ich es erneut.

»Unser Chefredakteur lässt sich so etwas sicher nicht nehmen.«

Mein Mann hat es trotzdem versucht, ihm geschildert, dass die Polizei auch der Meinung sei, dass eine Veröffentlichung provozieren könnte.

»Ich kann Sie sehr gut verstehen, Sie haben mein vollstes Verständnis«, gab der sich einfühlsam.

Mein Mann legte zufrieden den Hörer auf. »Er wird es sicher nicht schreiben, davon bin ich überzeugt!«

»Und ich sage dir, er hat Verständnis nur geheuchelt.

Das lässt sich der Chefredakteur einer Boulevard-Zeitung nicht entgehen. Alles, was die Auflage erhöht, wird gnadenlos gebracht, ich bin mir ganz sicher.«
»Du bist aber schon sehr misstrauisch, dir fehlt jegliche Menschenkenntnis«, rügte mich Alexandras Vater.
Am nächsten Morgen stand die »sensationelle Grabschändung« brettlbreit auf der Titelseite. So viel zum Kapitel Menschenkenntnis.

»Das Leben ist mit allem, was es ist, immer wieder ein Ereignis.«

Die Menschen verknüpfen mit einer Jahreswende üblicherweise Hoffnungen. In der Regel fanden sie das alte Jahr enttäuschend oder katastrophal – je nachdem. Und erwarten von Gott oder dem Schicksal, dass sich das neue gefälligst anständiger aufzuführen habe.
Mein Kind kann es mir nicht zurückgeben, das Neue Jahr! Das jedoch wäre mein sehnlichster Wunsch –, er ist unerfüllbar.

Ralph wollte am Silvesterabend bei uns sein. Und so standen wir um Mitternacht auf der Terrasse, ringsum Feuerwerk, von meinem Mann wie jedes Jahr mit Argusaugen verfolgt. Er hatte Angst um seine Hecke, überhaupt um alles, was aus Holz ist. Und das ist viel …

Ralph und ich waren stumm. Jeder dachte auf seine Weise an Alexandra. Er fand schließlich das erlösende Wort. »Du musst dir vorstellen, sie sieht uns, sieht, wie wir uns mögen, sogar lieben, und ich meine, dieser besonders hell blitzende Stern, der sogar die bunten Raketen überfunkelt, das ist Alexandra.« Jetzt sah ich sogar Tränen in den Augen meines Mannes, was natürlich vom Rauch der Feuerwerksraketen kam, wie er vermerkte.

Fast ein halbes Jahr ist vergangen seit der Katastrophe, die unser aller Leben verändert hat. Ralph ist umgezogen in das Haus, das er und Alexandra gemeinsam geplant hatten. Sie haben dafür gearbeitet. So sehr, dass sie mir im Februar faxte:

Liebste Mami!
Mach dir keine Sorgen ... das IT-Kompakt-Projekt dauert nicht ewig, und dann ziehen wir mal wieder lustig um die Häuser. Und wenn wir dann umgezogen sind, machen wir ganz tolle Kochfeste und so ...
Ja, es gibt nicht nur Arbeit sondern mehr. Laß es uns genießen ... und tu Dir jeden Tag was gutes.
Wir sind nur ein paar km weit weg von dir.
Bald wieder spürbar!
Versprochen.
Ich liebe Dich, wir lieben Dich, alle lieben Dich!
Und wenn wir schon nicht zusammen moderieren können ...
[zusammen eine Talkshow, das war unser Traum,

denn die Mutter-Tochter-Konstellation gab's noch
nicht im Fernsehen]
... dann laß uns doch zusammen ein Buch schreiben.
Schlaf gut!
D. A...

Jetzt haben wir doch noch ein Buch zusammen geschrieben, Alexandra. Ein anderer Anlass wäre mir lieber gewesen. Doch mit des Geschickes Mächten ...

Ebenfalls im Februar 2001 ein Abendfax von ihr:

Unsere Welt gerät doch nie aus den Fugen,
weil wir uns haben.
Alles andere ist Nebensache und Herausforderung
oder Abenteuer?
Das Leben ist mit allem, was es ist,
immer wieder ein Ereignis.
Schlaf gut und träum gefälligst bunt und schön –
Herzchen nicht Schäfchen zählen.
D. A.

Vierunddreißig Jahre durfte ich sie erleben, meine Tochter, die mehr war als mein Kind. Schon allein dafür müsste ich dankbar sein.
Aber was ich verloren habe, wird niemals zu ersetzen sein, und der Schmerz bleibt.

Ich betrachte das, was ich mir von der Seele geschrieben habe, als eine Liebeserklärung an Alexandra, vor allem aber als Vermächtnis von ihr. Deshalb auch stelle ich einen Brief, den sie im Frühjahr geschrieben hat, an den Schluss:

Meine geliebte Mami,
du bist in vielen Dingen mein Vorbild:
In deiner Schönheit, Bildung, Ernsthaftigkeit und Unbeschwertheit.
In Deiner Art Mutter und Freundin zu sein und Deinem Talent, Karrierefrau ohne zermürbenden Ehrgeiz, Mutter ohne erdrückende Liebe zu sein.
Dein Wesen ist die Triebfeder meiner Entwicklung.
Ach ja, noch eins:
Eine Abnabelung im Leben genügt.
Auch wenn wir nach außen hin als zwei völlig verschiedene Charaktere erscheinen und zwei völlig verschiedene Persönlichkeiten ausgeprägt haben, so hoffe ich, dass unsere »gedankliche Nabelschnur auf ewig erhalten bleibt«.

Das tut sie, mein Kind!
Auf ewig!

Ich liebe dich, Alexandra, und habe eine unstillbare Sehnsucht nach dir. Doch jetzt trennen uns nicht nur zwei Türen voneinander, sondern Lichtjahre.
Und ein Jahr ist wie eine Nacht.
Aber dann, wenn wir uns treffen, ist es wie eine Feierlichkeit.

Bildnachweis

Seite 2: Privatbesitz – Seite 27: © Ernst Grasser – Seite 34: Privatbesitz – Seite 37: Privatbesitz – Seite 40: © Brigitte Vater – Seite 45: Privatbesitz – Seite 59: Privatbesitz – Seite 64: © Rudolf Alert – Seite 74: © dpa, München – Seite 91: Privatbesitz – Seite 145: Privatbesitz – Seite 168: © Marlies Schnetzer – Seite 177: Privatbesitz – Seite 181: Privatbesitz – Seite 207: Privatbesitz – Seite 235: Privatbesitz – Seite 245: © 2002 Ralph Schmid

Es konnten trotz gewissenhafter Recherche nicht alle Urheber ermittelt werden. Wir empfehlen Rechteinhabern, die hier nicht aufgeführt sind, sich beim Verlag zu melden.